(창과 방패 AZ시리즈 4)

학교폭력대책심의위원회 (학폭위) 행정심판 행정소송 AZ (A to Z)

학교폭력대책심의위원회 (학폭위) 행정심판 행정소송 AZ (A to Z)

지은이   진제원 변호사

발   행   2023년 03월 10일
펴낸이   한건희
펴낸곳   주식회사 부크크
출판사등록   2014.07.15.(제2014-16호)
주   소   서울특별시 금천구 가산디지털1로 119 SK트윈타워 A동 305호
전   화   1670-8316
이메일   info@bookk.co.kr

ISBN   979-11-410-1960-0

www.bookk.co.kr

*본 책의 내용은 법률개정, 판례변경 등의 사유로 항상 그 완전성이 보장되는 것은 아니고, 또한 특정사안에 대한 구체적인 의견제시가 아니므로, 적용결과에 대해 저자가 책임지지 아니합니다. 따라서 실제 사안 적용에 있어서는 개별 상황에 따라 면밀히 검토하시고, 저자 또는 다른 법조인과 충실한 자문이 담보될 수 있는 수임, 자문계약을 체결하는 등의 방법으로 충분한 조력을 받아 행동하실 것을 권합니다.

학교폭력대책심의위원회 (학폭위) 행정심판 행정소송 AZ (A to Z)

진제원 변호사

BOOKK

차례

지은이

진제원 변호사 (부산지방변호사회)

- 제22회 대한변호사협회 우수변호사상 수상
- 부산 성도고등학교, 부산대학교 법학과, 부산대학교 법학전문대학원 졸업
- (현) 부산북부교육지원청 학교폭력대책심의위원회 심의위원
- (전) 부산예원초등학교 학교폭력대책자치위원회 자치위원(전문가위원)
- (현) 부산성도고등학교 교권보호위원회 위원
- 부산북부교육지원청 교육공무원임용 면접위원
- 부산사립중등퇴임교장회 고문변호사

* 저서 *

- 학교폭력대책심의위원회 (학폭위) 행정심판 행정소송 AZ, (2023. 3.)
- 공인중개사 중개사고 손해배상 AZ, (2021. 7.)
- 상가임대차법 권리금회수 손해배상 창과 방패 AZ, (2021. 9.)
- 계약금 가계약금 해약금 위약금 배액상환 계약해제 손해배상 AZ, (2022. 1.)

상담문의는 아래 연락처로 남겨주시기 바랍니다.

휴대전화 : 010-4205-5598

이메일 : ultralawyer@hanmail.net

블로그 : blog.naver.com/ultralawyer(개정시 추록게시 예정)

(재판, 상담, 서면작성 등으로 연락을 받지 못하는 경우가 있으므로, 상담문의시 문자로 먼저 성함/지역/연락처/상담내용을 남겨주시면 감사하겠습니다. 법률상담의 경우 대면/화상/전화상담 모두 가능하며, 소정의 상담료를 수령 후 진행함을 원칙으로 합니다.)

머리말

본 책은 학교폭력의 가해자로 지목된 학생 및 학부모님 뿐 아니라 학교폭력의 피해자가 된 학생 및 피해학생의 학부모님, 학교폭력대책심의위원회와 관련된 업무를 수행하시는 분들을 위하여 만들어졌습니다.

수 년여 전부터 저자는 학교폭력예방법 개정 전 각 학교에서 수행하고 있던 학교폭력대책자치위원회 시절부터 학교폭력 자치위원(전문가위원)을 역임하여 오면서 학교폭력사안을 심의하였고, 학교폭력예방법 개정 직후부터는 학교폭력대책심의위원회 심의위원으로서 학교폭력사안을 심의해 왔습니다. 또한, 위와 같은 학교폭력사안과 관련한 경력으로 인해 학교폭력과 관련한 많은 상담과 관련 절차의 진행을 하게 되었습니다.

요즘 뉴스를 보면 유명 연예인이나 스포츠 운동선수, 예술인 등 많은 유명인들이 과거 상당히 어린 학생시절에 학교폭력에 연루되었다는 이유로 큰 곤욕을 치르는 경우를 자주 접하게 됩니다.

물론 이러한 시류는 학교폭력을 사전에 어느 정도 억제할 수 있는 효과를 기대할 수 있다는 점, 인과응보의 점에서 긍정적인 모습일 수도 있으나, 한편으로는 사리분별을 잘 하지 못할 어린 나이에 일어난 행동으로 성인일 때 하였던 범죄보다 더 큰 불이익을 겪는 아이러니한 상황도 벌어지기도 하는 점에서, 과연 무턱대고 이를 긍정적으로만 볼 수 있는 상황인가 하는 의문도 있습니다.

따라서, 본 저자는 가해학생으로서 책임져야 할 부분에 대한 충분한 인식 하에 절차적 진행 및 자신이 하지 않은 행동에 대한 억울한 처벌이 발생하지 않도록 하고자 하는 취지로 가해학생이 겪는 절차 및 꼭 필요한 내용만 중점적으로 이 책을 집필하였고, 피해학생 또한 절차에 대한 이해 및 가해학생이 위 절차에서 어떠한 방어를 할 것임을 참고할 수 있는 내용 및 이에 대한 피해학생의 솔루션 또한 추가적으로 관련 내용에 담아 두었습니다.

특히, 본 책은 다른 책과 달리 저자가 직접 수행한 사건 및 새로 개정된 신법이 적용된 지방법원 판결문을 최대한 구해 본 책에 수록하면서 실제 사건에 어떻게 관련내용이 적용되는지 알 수 있도록 하였으며, 부수적인 절차나 학교폭력예방과 관련한 내용, 개정 전 구법과 관련한 내용들은 최대한 생략하여 분량을 최소화하였습니다.

그리고, 확립된 해석으로 오인할 수 있는 불필요한 오인가능성 측면상 대법원 판결번호를 제외하고는 판결번호를 별도로 수록하지 않았음을 양지하여 주시기 바랍니다.

1. 학교폭력 신고부터 학폭위 개최 전까지의 절차

1-1. 신고방법

학교폭력 피해를 신고할 수 있는 곳은 크게 3개(학교, 117 학교폭력 신고센터 안전 Dream, 경찰서)로 나누어 볼 수 있다.

가장 많은 경우는 학교에 신고하는 경우로, 학교폭력 담당 생활지도선생님이나 담임선생님, 교감·교장선생님 등에게 학생이나 학부모가 이를 알리는 방법인데, 교내 학교폭력의 경우에는 학교에서 소극적으로 대처하려는 경우가 있으므로, 기록이 남는 방식으로 명확히 의사를 표시할 필요가 있다.

또한, 성폭력 사안의 경우는 학교에서 성 관련 사안이 접수되면 경찰에 즉시 신고를 하게 되므로(아동청소년의 성보호에 관한 법률 제34조 제2항, 성폭력보호법 제9조) 성사안은 학교폭력대책심의위원회 절차의 대처 뿐 아니라 경찰서에서의 조사에 대하여도 대처를 하여야 함을 유의하여야 한다.

1-2. 학교폭력 전담기구의 사안조사

학교폭력 피해를 인지한 학교에서는 교내 전담기구에서 사안조사를 먼저 진행하게 된다.

이러한 조사에서 우선 진행되는 것은 가해학생과 피해학생을 불러 학교에서 사실확인을 하게 되는데, 이 때 진술을 어떻게 하는지가 차후 학폭위에서 중요한 자료로 사용되므로, 가해학생 및 피해학생 모두 주의를 기울일 필요가 있다.

특히, 학교에서는 가해피해학생에게 학생확인서, 보호자확인서 양식(A4용지 한 장짜리)을 제공하는데, 대부분 상담을 오시는 학부모님과 학생들은 그 학생확인서와 보호자 확인서 양식에 억지로 우겨넣다시피 두 줄 정도를 적어 제출하는 경우가 대부분이었다.

그러나, 그렇게 학교에서 제공한 양식에 작성을 할 경우 칸이 매우 작아 두 줄 정도밖에 내용을 적지 못하는 점에서 해당 사건의 중요한 부분이나 경위, 핵심적인 내용을 제대로 담지 못하게 되므로, 양식에 구애받지 말고 별지를 사용하여 사건의 중요한 내용을 담아 본인에게 유리한 부분을 최대한 어필할 수 있도록 하여야 하고, 필요한 경우 전문가의 도움을 얻을 필요가 있다.

또한, 학교에서는 학생확인서와 보호자확인서를 당일이나 다음날 제출해달라고 하는 등 너무나 짧은 기간 내 제출을 요구하는 경우가 많은데, 양해를 구하고 최소 사흘 정도의 기간을 두어 최대한 학생과 학부모님이 피력하고자 하는 의견을 정리할 필요가 있다.

〈양식 2-2〉

보호자 확인서

* 사안번호: (   )학교 2022-(   )호

1. 본 확인서는 학교폭력 사안 조사를 위한 것입니다.
2. 자녀와 상대방 학생에 관련된 객관적인 정보를 제공해 주셨으면 합니다.
3. 사안 해결을 위해 학교는 객관적이고 적극적인 자세로 임할 것입니다.

학생 성명			학년 / 반	/	성별	남 / 여
사안 인지 경위						
현재 자녀의 상태			신체적 - 정신적 -			
자녀 관련 정보	교우 관계		(친한 친구가 누구이며, 최근의 관계는 어떠한지 등)			
	학교폭력 경험 유무 및 내용		(실제로 밝혀진 것 외에도 의심되는 사안에 대해서도)			
	자녀 확인 내용		(사안에 대해 자녀가 보호자에게 말한 것)			
현재까지의 보호자 조처			(병원 진료, 화해 시도, 자녀 대화 등)			
사안 해결을 위한 관련 정보 제공			(특이점, 성격 등)			
현재 보호자의 심경			(어려운 점 등)			
본 사안 해결을 위한 보호자 의견, 바라는 점			(보호자가 파악한 자녀의 요구사항 등)			
작성일	20 년 월 일			작성자		(서명)

<양식 2-1>

학생 확인서

*사안번호: (   )학교   2022-(   )호

성명		학년/반		/	성별	남/여
연락처	학생			보호자		
	관련학생					
	사안 내용	※ 피해 받은 사실, 가해한 사실, 목격한 사실 등을 육하원칙에 의거하여 상세히 기재하세요. (필요한 경우 별지 사용)				
	필요한 도움					
작성일	20 년 월 일			작성 학생		(서명)

   그리고, 추후 위 확인서에서 작성한 내용과 다른 주장을 하는 경우 본인의 주장의 신빙성이 훼손될 우려가 있으므로, 최대한 당시의 기억을 잘 살려 신중히 작성을 하여야 한다.

1-3. 가해학생과 피해학생의 분리

학교의 장은 학교폭력사건을 인지한 경우, 대통령령으로 정하는 특별한 사정이 없으면 지체 없이 가해자와 피해학생을 분리하여야 한다(학교폭력예방법 제16조 제1항). 다만, 이러한 분리는 피해학생의 분리의사를 확인한 뒤, 분리의사확인서를 받아 진행하게 된다.

분리기간은 분리방법 결정 시점으로부터 최대 3일 범위 내에서 실시하되, 학교폭력예방법상의 긴급조치가 시행되어 가해자와 피해학생이 분리된 경우에는 종료된다.

그리고, 학교 내에 별도 공간 마련이 어려워 가정 또는 기타 학교외의 장소를 이용하여 분리를 시행한 경우, 분리기간은 출석인정 결석으로 처리가 가능하다.

1-4. 학교장 자체해결제

학교장은 피해학생 및 그 보호자가 심의위원회 개최를 원하지 않으며 ① 2주 이상의 신체적·정신적 치료를 요하는 진단서를 발급받지 않았고, ② 재산상 피해가 없거나 즉시 복구되었으며, ③ 학교폭력이 지속적이지 않은 경우이고, ④ 학교폭력에 대한 신고, 진술, 자료제공 등에 대한 보복행위가 아닌 경우에는 학교장 자체해결이 가능하다.

원칙적으로 피해학생이 학교장 자체해결에 동의하여 자체해결된 이후에는 이를 번복하여 다시 심의위원회 개최를 요구할 수 없으므로, 학교장 자체해결을 학교에서 물어볼 경우에는 신중하게 고려하여 답변하여야 한다. 다만, ① 학교폭력사건으로 입은 재산상 피해에 대해 가해학생 측에서 배상을 약속하였으나 이행하지 않았거나, ② 조사과정에서 확인되지 않은 사실이 추가로 확인된 경우에는, 피해학생 및 보호자가 심의위원회 개최를 요청할 수 있다.

그리고, 이른바 성사안의 경우는 자체해결제의 적용이 어렵고, 심의위원회가 개최되어야만 하는 점에서 그 특수성이 있으므로, 성사안의 경우 더욱 주의를 기울여야 한다.

문제는 피해학생의 경우 위와 같은 민감한 성사안에 대해 기억을 다시 되짚어야 하는 어려운 문제가 발생하는데, 이 경우 서면이나 녹음, 녹화진술 등으로 대체하거나 부모님 등 신뢰관계자만 출석하는 경우도 고려하여 볼 수 있다.

1-5. 긴급조치

학교장은 피해학생이 긴급보호의 요청을 하는 경우에는 학교장 자체해결 혹은 심의위원회 개최 요청 전에 학내외 전문가에 의한 심리상담 및 조언, 일시보호, 그 밖의 조치를 할 수 있다.

또한, 가해학생에게는 가해학생에 대한 선도가 긴급하다고 인정할 경우 학교장 자체해결 혹은 심의위원회 개최 요청 전에 서면사과, 피해학생신고·고발학생에 대한 접촉·협박 및 보복행위의 금지, 교내봉사, 전문가 특별 교육이수 또는 심리치료, 출석정지의 조치를 할 수 있다.

학교장이 위와 같이 긴급조치로 출석정지를 할 수 있는 사안은 ① 2명 이상이 고의적·지속적으로 폭력을 행사한 경우, ② 전치 2주 이상의 상해를 입힌 경우, ③ 신고·진술자료제공 등에 대한 보복을 목적으로 폭력을 행사한 경우, ④ 학교장이 피해학생을 가해학생으로부터 긴급하게 보호할 필요가 있다고 판단하는 경우에 가능하다.

이 경우, 차후 열릴 심의위원회에서 긴급조치를 추인할 것인가가 문제되는데, 심의위원회에서는 '일부추인' 또는 '추인하지 않음' 결정이 가능하다. 다만, '일부추인', '추인하지 않음'을 결정하였더라

도 긴급조치를 결정할 당시에 그 필요성이 인정된다면 '긴급조치'
가 적절하지 않다고 보지는 않는다.

가해학생 긴급선도 조치에 대해 심의위원회가 추인하는 경우 심
의위원회의 조치가 되므로 학교생활기록부에 조치사항이 기재된다.

실무상 주로 일어나는 긴급조치는 ① 피해학생이 학교폭력으로
인해 정신적 충격을 입은 경우 피해자 긴급조치로서 심리상담이 이
뤄지는 경우, ② 피해학생이 가해학생들과 같은 반인 경우 등으로
매번 만날 수 밖에 없거나 학교폭력행위가 중대하여 고통이 큰 상
황의 경우 피해학생에 대한 긴급조치로서 일시보호조치 및 가해학
생에 대한 출석정지가 내려지는 경우 등이다.

1-6. 학교와의 관계 및 학교폭력 사안조사시 대비점

상담을 받으시는 많은 분들께서 '이제 학교폭력 심의가 교육
지원청 관할로 넘어갔다는데, 학교에서 조사하는게 무슨 큰 의
미가 있냐'고 하시는 경우가 종종 있다.

그러나, 저자가 학교폭력대책심의위원회 심의위원으로 활동을
하며 살펴본 바로는(아래에서 학교폭력대책심의위원회의 절차에

대해 후술하며 설명을 드리겠으나, 여기서도 반복하여 말씀을 드리고자 한다), 교육지원청의 학교폭력대책심의위원회는 어떠한 사안조사를 할 시간이나 여력이 부족한 것이 현실이며, 학교에서 올라온 사안조사내용을 간사께서 정리하고, 이를 곧바로 심사 20~30분 전 위원들이 훑어보고 바로 학생과의 질의응답시간을 갖는 것이 보통인데, 이러한 상황으로 인해 학교에서 올라온 사안조사내용이 결정적인 판단자료가 될 수 밖에 없는 상황이다.

(추가로, 학교폭력 담당 선생님이 피·가해학생들의 질의응답 후 들어와 학폭위 심의위원들과 질의응답을 하게 되므로, 학교에서 제공한 자료를 바탕으로 추가 질의응답까지 거치게 되어 더욱 학교의 사안조사내용에 의존하는 경향이 커진다).

그런데, 상담을 오시는 피·가해학생 부모님들 상당수는 이러한 절차적 특수성을 알지 못하여 사건 인지 후 학교폭력대책심의위원회가 열리기 직전까지 제대로 된 대응을 하고 있지 못하다가, 부랴부랴 급히 준비를 하려고 하시는데, 위와 같은 문제로 인해 낭패를 보는 경우가 발생할 수 있다.

따라서, 필요하다면 학교에서의 사안조사 초기부터 정확한 사실관계를 정리하고 앞에서 말씀드린 주의사항을 명심하여 세심한 준비를 할 필요가 있고, 관련 증거자료(상해진단서, 사진, 동영상, 문자메시지, SNS관련 자료, 목격학생 사실확인서 등)을 확보하고 있다면 먼저 제출하고, 해당 자료만으로는 학생 상호간 어떠한 관계 및 배경에서 그러한 행동이나 대화가 오갔는지 당사자가 아닌 학교 관계자들로서는 잘 알기가 어려우므로, 증거자료와 관련한 추가 의견서를 작성하여 당시 배경과 해당 내용의 의미를 소상하게 설명할 필요가 있다.

그리고, 위와 같이 학교의 사안조사내용이 결정적 영향을 미치는 점을 고려하였을 때, 무턱대고 학교폭력 담당 선생님과 적대적인 관계를 가질 것이 아니라, 선을 지키되 자신의 정당한 주장은 최대한 피력하면서 우호적인 관계를 유지할 수 있도록 노력할 필요가 있다.

2. 학교폭력대책심의위원회의 개최 및 제반 절차

2-1. 학교폭력대책심의위원회 위원회(소위원회)의 구성

조문상으로는 심의위원회는 위원장 1인을 포함해 10명 이상 50명 이내의 위원으로 구성하도록 되어 있는데, 규모있는 교육지원청의 경우 실무상 학교폭력대책심의위원회가 열리는 빈도가 잦은 점에서 1개의 심의위원회가 감당할 수 있는 사건에는 한계가 있어, 위 위원회를 쪼개어 소위원회를 구성하고 있다.

소위원회는 보통 7인 정도의 위원을 두어 인력풀이 편중되지 않도록 조정하여 수 개의 소위원회로 쪼개어 구성하는 경우가 대부분으로, 관할 내 학부모, 경찰관, 청소년 관련 상담사나 단체위원, 시민단체, 전직 교원 등의 경우가 다수이며, 그 외 교수, 변호사 등이 일부 구성인원으로 참여하는 경우가 있다.

과거 구법이 적용되던 시절에는 학교 내에서 학교폭력대책자치위원회를 운영하다 보니 학부모위원들이 가해학생이나 피해학생과 친소관계인 경우 및 그 외 운영에 미숙한 경우가 많아 절차상 하자가 발생하는 경우가 종종 있었으나, 법률 개정 이후로는 그러한 절차상의 문제는 줄어들었다.

학교폭력대책심의위원회가 개최되면, 당일 피·가해학생의 출석시 기피사유에 해당하는 위원이 있는지 묻는 절차를 거치게 된다.

심의위원회에서 이러한 기피제도에 대해 안내를 제대로 하지 않은 상태에서 진술을 위해 회의실에 들어가자마자 첫 질문으로 기피사유에 해당하는 자가 있는지부터 묻는 질문을 받으면 '기피'가 무엇인지 모르는 피·가해학생과 학부모로서는 당황을 할 수 밖에 없는데, '기피'는 심의위원회의 위원이 공정한 심의를 기대하기 어려운 사정이 있다고 볼 만한 상당한 사유가 있는 경우, 당사자가 해당 위원을 제외해달라고 신청하는 것을 말한다.

앞서 말씀드린 법률개정으로 인해 기피사유 발생의 빈도는 현저하게 줄어들었으나, 여전히 학교폭력대책심의위원회 구성원 중 관할 내 학부모가 상당수 포함되어 있는 점에서 기피사유의 발생가능성이 없다고는 할 수 없는 바, 구법 하에서의 판결이기는 하지만 아래 판결을 참고할 필요가 있다.

判 例

기피 제도의 위와 같은 목적과 관련 규정의 내용에 비추어 보면, '자치위원회의
위원에게 공정한 심의를 기대하기 어려운 사정이 있다'라고 함은 우리 사회의
평균적인 일반인의 관점에서 볼 때, 자치위원회 위원과 사건 사이의 관계, 즉
자치위원회 위원과 가해학생 사이의 특수한 사적 관계 또는 자치위원회 위원
과 해당 사건 사이의 특별한 이해관계 등으로 인하여 자치위원회 위원이 불공정
한 심의를 할 수 있다는 의심을 할 만한 객관적인 사정이 있고, 그러한 의심이 단
순한 주관적 우려나 추측을 넘어 합리적인 것이라고 인정될 만한 때를 말한다.

(중략)

㈐ 기피신청 기각 과정의 위법 여부

① 갑 제8호증의 1, 2, 을 제5호증의 각 기재 및 변론 전체의 취지에 의하여 인
정되는 아래와 같은 사정들을 종합하면, 이 사건 자치위원회 회의에서 이 사건
기피신청에 대한 의결이 없었다고 봄이 타당하므로, 이 사건 기피신청에 대한
기각결정에는 구 학교폭력예방법 시행령 제26조 제3항 전문을 위반한 절차적
하자가 존재한다.

△ 원고측은 이 사건 기피신청에 대한 기각결정에 관한 증거로 갑 제8호증의
1, 2를 제출하였다. 갑 제8호증의 2는 이 사건 자치위원회 회의 중 이 사건 기
피신청에 관한 부분을 녹음한 파일이고, 갑 제8호증의 1은 위 녹음에 대한 녹
취록으로, 이 사건 자치위원회의 실제 의결 과정에 관한 가장 정확한 증거라고
볼 수 있다.

△ 갑 제8호증의 1의 기재 및 갑 제8호증의 2에 의하면, 이 사건 자치위원회 위
원장은 이 사건 기피신청에 대하여 원고측에 제척·회피·기피 사유에 해당하지
않음을 설명하고 원고측에 "그러면 계속 진행을 해도 될까요?"라고 의견을 물
은 후, 원고의 아버지가 "기록만 남겨주시면…"이라고 대답하자 바로 본안심

리를 진행한 사실을 인정할 수 있다. 위원들이 이러한 위원장의 회의 진행 방식에 명시적으로 이의를 제기하지 않았다는 사정만으로는 이 사건 자치위원회에서 구 학교폭력예방법 시행령 제26조 제3항에서 정하고 있는 위원회의 의결절차를 거쳤다고 평가할 수는 없다.

△ 한편 피고 소송수행자는 위원장의 위와 같은 발언에 대하여 이 사건 자치위원회 위원들이 고개를 끄덕이거나 낮은 소리로 '네'라고 대답함으로써 위원장의 기각의견에 대한 동의의 의사를 밝혔다는 취지로 주장하나, 갑 제8호증의 2의 녹음 상태가 불량하여 그 질문에 대한 답변의 내용이 명확히 식별되지 않는다. 한편 이 사건 자치위원회 회의록 원문(을 제5호증)에는 위원장이 이 사건 기피신청을 기각하기 직전에 최종적으로 위원들에게 이에 대한 이의 여부를 묻는 취지의 질문을 하자 위원들이 "없습니다."라고 답하였다는 내용이 기재되어 있고, 사실확인서(을 제6호증)의 내용이 이에 부합하기는 한다. 그러나 위 각 증거는 이 사건 자치위원회 회의가 종료된 이후 위 자치위원회 간사가 기억에 의존하여 작성한 것이므로, 위 각 증거의 기재만으로 이 사건 기피신청에 대한 위원장의 기각결정에 대하여 위원들이 묵시적으로 동의함으로써 이 사건 자치위원회의 의결이 이루어졌다고 보기에는 부족하다.

② 나아가 설령 이 사건 자치위원회 위원들이 위원장의 이 사건 기피신청 기각결정에 명시적으로 이의를 제기하지 않은 것으로써 이 사건 기피신청에 대한 의결이 이루어졌다고 보더라도, 앞서 든 증거들에 의하여 알 수 있는 다음 사정, 즉 △ 기피대상 위원인 G가 이 사건 자치위원회 회의 당시 회의 장소에서 퇴장하지 않고 계속 착석하고 있었음은 피고도 인정하고 있으며(2021. 2. 22.자 석명사항에 대한 답변), 기피대상 위원에 대하여 의결에 참여하지 못한다는 점이 명시적으로 안내 내지 고지된 흔적이 보이지 않는 점, △ 이러한 상황에서 피고가 주장하는 바와 같이 위원장이 먼저 기피신청 기각의 의견을 표명하고 이에 대하여 위원들에게 소극적으로 이의 유무를 묻는 방법으로 의결이 이루어졌다고 한다면, 기피대상 위원이 참여하지 않은 상태의 의결이라고 평가하

기는 어려운 점(적어도 기피대상 위원을 제외한 나머지 위원들에게 개별적으로 명시적인 찬반 의견을 묻는 형태가 되었어야 한다) 등을 종합하면, 이러한 점에서도 이 경우에도 이 사건 기피신청에 대한 기각결정에는 기피대상 위원의 의결참여를 금지하는 구 학교폭력예방법 시행령 제26조 제3항 후문을 위반한 절차적 하자가 존재한다고 할 것이다.

2-2. 심의위원회는 반드시 출석해야 하는가

심의위원회가 개최되는 경우, 학부모님들은 참석통지서를 받게 되는데, 학교폭력과 관련하여 상담을 오셔서 의뢰를 주셨던 학부모님 중에서는 학교에서 잘못된 안내를 받아 학교폭력대책심의위원회에 참석을 하지 않으셨다는 경우도 있었다.

아래와 같이, 참석통지서에는 '관련학생 보호자께서는 회의 당일 출석이 어려운 경우 첨부한 서면진술의견서(별지양식)를 작성하여 심의위원회일 전까지 아래 주소로 회신(직접방문 또는 등기우편)하여 주시기 바랍니다.'라고 쓰여있다. 이를 말 그대로 이해한 나머지, 학생과 학부모님들 중에서는 부담스럽다는 이유로 학교폭력대책심의위원회에 출석하지 않고 서면진술의견서만 제출하여 불이익을 받는 불상사가 발생하는 경우가 있다.

(↓참석안내문 예시)

학교폭력대책공동심의위원회 참석 안내

「학교폭력예방 및 대책에 관한 법률」제13조에 의거하여 학교폭력대책심의위원회를 아래와 같이 개최하니, 원활한 회의 진행을 위해 참석하여 주시기 바랍니다.

1. 일시: 2022. .).(월) 14:50
2. 장소: 학교폭력대책공동심의위원회(센터 4층,   로 99-7)
3. 대상: 학생   OC) 및 보호자
4. 안건: 중02(관련: 중02. . 여중01) 사안
5. 사안개요
   ○ 근거: 중02(관련: 중02. . 여중01) 사안 학교폭력사안조사
     보고서 및 관련 자료
   ○ 내용: 별지 참조
     – 사안개요 내용에 이의가 있는 경우, **학교폭력대책공동심의위원회**에 **출석**하여 소명해 주시거나 서면진술의견서(별지양식)에 **기재**하여 학교폭력대책심의위원회 **회의일 전까지** 회신하여 주시기 바랍니다.
6. **피해관련 학생**은 위 사안과 관련하여 **상담, 치료** 등을 받은 경우에 학교폭력예방법 제13조제4항에 따라 심의위원회에 전문가의 의견 청취를 요청하실 수 있습니다. 전문가 의견 청취를 요청하실 경우 심의위원회 **개최3일 전까지** 동래교육지원청에 '전문가 의견 청취 요청 의사 확인서(별첨)'를 제출바랍니다.(자세한 내용은 참고사항 4번 참조)
7. 협조 사항: 코로나19 감염 예방을 위해 **반드시 마스크 착용** 바랍니다.

2022년 _월   일

부산광역시 _ 교육지원청학교폭력대책심의위원회위원장

※ 참고사항
1. 문의사항이 있으면 동래교육지원청 학교폭력대책심의위원회 담당 부서(전화:)로 연락하시기 바랍니다.
2. 출석하실 때 이 **통지서, 신분증 및 기타 참고자료**를 지참하시기 바랍니다.
3. 관련학생 보호자께서는 회의 당일 출석이 어려운 경우 첨부한 **서면진술의견서(별지양식)**를 작성하여 심의위원회의일 전까지 아래 주소로 회신(직접방문 또는 등기우편)하여 주시기 바랍니다.
4. 피해관련 학생이 전문가 의견 청취를 요청하실 경우 '전문가 의견 청취 요청 의사 확인서'(별첨)를 아래 주소로 회신(직접방문, 등기우편 또는 FAX   )하여 주시기 바랍니다.
  *주소: 부산광역시   )로 179번길 31(우: 교육지원청 학교지원과 학교폭력대책심의위원장
5. 심의위원회 개최 취소 방법 안내
  ☞ **학교장 자체해결 사안 요건**을 모두 충족하였으나 피해학생과 그 보호자가 학교장 자체해결 동의하지 않아 심의위원회 개최가 요청된 경우에는 피해학생 및 그 보호자가 심의위원회 개최 이전까지 해당 학교에 서면으로 심의위원회 개최 취소 의사를 표명하면 심의위원회 개최를 취소하실 수 있습니다.
  * ① 2주 이상의 신체적·정신적 치료를 요하는 진단서를 발급받지 않은 경우
    ② 재산상 피해가 없거나 즉각 복구된 경우
    ③ 학교폭력이 지속적이지 않은 경우
    ④ 학교폭력에 대한 신고, 진술, 자료제공 등에 대한 보복행위가 아닌 경우

(↓참석안내문 첨부 사안개요 예시)

별지

사 안 개 요

|교육지원청

□ 사안번호: 중02(관련: 중02, 여중01)

■ 관련학생

학교	학반/번호	성 명	성 별	사 안 번 호	비고
					가해관련
					가해관련
					가해관련
					가해관련
					피해관련

■ 언제: 2022. .(.)   분 경

■ 어디서: 골목

■ 무엇을/어떻게/왜

-

-
-
-

■ 관련 학생 진술 및 주장 내용

학생	진술 및 주장	비고
A		
B	···	

2. 학교폭력대책심의위원회의 개최 및 제반 절차   **25**

위 안내문의 '관련학생 보호자께서는 회의 당일 출석이 어려운 경우 첨부한 서면진술의견서(별지양식)를 작성하여 심의위원회일 전까지 아래 주소로 회신(직접방문 또는 등기우편)하여 주시기 바랍니다.'의 의미는, 정말 불가피한 일이 있는 경우 해당 내용을 기재하고 최대한 자신의 주장을 피력하라는 절차권 보장 차원에서의 의미일 뿐, 참석을 하지 않아도 좋다는 의미가 아님을 유의하여야 한다.

실제로 저자가 수행하였던 사건 중에는 심의위원회에 가해학생이 서면진술의견서만 제출하고 불출석한 점에 대해 반성정도에 대한 가중사유로 보아야 한다고 행정소송 과정 중 교육지원청에서 주장하는 경우까지도 있었다.

○ **반성정도**

　원고와 원고의 보호자는 특별한 사정도 없이 심의위원회에 참석하지 않았기에 심의위원회는 원고가 자신의 잘못을 반성하며 뉘우치는 모습 및 보호자가 학교폭력의 재발을 방지하려고 노력하는 모습 등을 확인할 수 없었습니다. 이러한 점으로 심의위원회는 <u>반성정도를 없다(4점)</u>고 판단하였습니다.

(↑교육지원청에서 행정소송 당시 제출한 준비서면 중 일부. 이처럼 심의위원회에 참석하지 않는 경우를 불이익사유로 보는 경우가 많고, 소송 과정에서도 반성의 진정성을 의심하는 사유로 제시하는 경우가 종종 있다.)

따라서, 저자는 피·가해학생에게 별 다른 특별한 사정이 없다면 심의위원회에 반드시 참석하면서, 동시에 심의위원회가 열리기 며칠 전 미리 이 사건의 경위 및 주장할 내용을 정리해 담은 의견서를 제출하는 것을 권하고 있는데, 이처럼 두 가지 모두 하여야 하는 이유는 무엇인지 아래에서 추가로 후술하여 말씀드리고자 한다.

2-3. 심의위원회 내부에서 이뤄지는 심의절차

위와 같이 심의위원회에서는 개최 전 참석안내문을 피·가해학생 측에 발송하고, 해당 소위원회에 참석 가능한 위원을 파악하게 된다. 대부분의 경우 소위원회는 7인으로 구성되고 있으므로, 4인 이상 위원분들이 참석 가능하시다면 해당 인원으로 심의위원회가 개최된다.

개최 당일 위원들은 30분 가량 준비된 사건관련 자료들을 통해 해당 사건의 경위를 숙지하고, 이후 피·가해학생 본인과 학부모님과 질의시간을 가진 뒤, 해당 학교의 담당 선생님과 질의응답 시간을 가지고, 이후 위원들이 본격적인 심의에 들어가게 된다. 위 피해학생과 가해학생의 질의응답은 피해학생과 가해학생을 분리하여 진행되므로, 대질조사처럼 진행이 되지 않음을 참고할 필요가 있다.

또한, 위원분들은 학부모의 의견보다는 당사자인 학생에게 해당 사건의 전말을 듣고 싶어하는 경우가 대부분이므로, 준비되지 않은 상태에서 회의장에 들어가 정제되지 않은 학생의 말을 가로막기보다는 미리 말할 내용을 준비하고, 학부모님의 말씀은 학생과 위원 간 문답에 대한 보조적 역할을 하겠다는 생각으로 준비를 하여 주시기를 권해 드린다.

이처럼, 위원들은 교내 전담기구의 조사결과가 주된 내용인 자료를 30여분 가량 검토한 뒤 곧바로 질의응답시간을 가지는 것이 현실이므로, 사건이 복잡하거나 이 사건이 벌어지기 이전 배경과 관련한 설명이 필요한 경우 등에는 심도깊은 사건파악이 어려울 수 있다고 보아야 한다.

따라서, 저자는 앞서 충분히 강조드린 바와 같이 피·가해학생이 불이익을 입지 않으려면 자신의 주장을 충분히 피력할 수 있도록 심의위원회에 직접 참여하고, 이에 더해 사건의 경위 및 관련증거 등을 단번에 파악할 수 있을 정도로 잘 정리하여 의견서를 제출하실 것을 권하는 것이다(저자 또한 의뢰인 분들이 심의위원회에 참석하시기 며칠 전 미리 의견서를 작성하여 제출하고 있다).

그리고, 피해학생과 가해학생 측은 문답이 종료한 뒤에는 곧바로 집으로 귀가를 하게 되고, 결과는 해당 조치가 내려지게 된 근거와 이유를 포함하여 심의위원회(교육지원청)에서 서면으로 통지를 하게 된다(가해학생에 대한 조치는 당일 결정되나 통지는 그 뒤에 이뤄지게 되므로, 대략 일주일 이내에 조치통보를 받을 수 있게 된다).

2-4. 분쟁조정제도

피해학생과 가해학생 간 학교폭력과 관련한 분쟁에 대해 심의위원회 또는 교육감이 분쟁을 조정하는 경우를 말한다. 그런데, 해당 제도는 분쟁당사자가 신청을 하여야 하며, 해당 신청에 대해 상대방과 학교가 동의를 하여야 진행할 수 있으므로, 현실적으로 실무에서는 잘 활용되고 있지 않는 상황이다.

실무상 잘 활용되지 않는 이유로는, 이미 감정이 상할대로 상해있는 상황에서 피·가해학생 측이 협의를 하겠다고 나오는 경우도 적고, 현실적으로 치료비 뿐 아니라 위자료 등을 포함한 상당한 금액을 제시하게 되는 경우도 많으며, 협의가 잘 이뤄질 정도라면 이미 학교폭력대책심의위원회가 열리기 전 합의를 하고 합의서가 제출되는 경우가 대부분인 점에 기인한다.

다만, 가해학생의 입장이라면 이러한 제도를 활용하여 피해학생과의 접촉을 통해 합의를 이끌어낼 수 있는 여지가 있고 (피해학생 측과의 분리 등으로 합의시도 자체가 어려운 경우가 실무상 많다), 이를 통해 처분을 감경받을 수 있을 것으로 보이는 점에서 적극적인 활용을 해봄직 하다(다만 분쟁조정이 성립된 경우라도 심의위원회를 개최하지 않는 것은 아니어서, 학교폭력행위가 면책되는 것은 아니다).

2-5. 피해학생에 대한 보호조치

피해학생에 대한 보호조치로는 ① 학내외 전문가에 의한 심리상담 및 조언, ② 일시보호, ③ 치료 및 치료를 위한 요양, ④ 학급교체, ⑤ (전학권고조치는 법률개정으로 삭제), ⑥ 그 밖에 피해학생의 보호를 위하여 필요한 조치가 있다.

이러한 조치들 중 ①~③의 경우 발생되는 비용은 가해학생이 부담하는 것을 원칙으로 하여, 피해학생의 신속한 치료를 위해 학교안전공제회 또는 시·도 교육청이 비용을 부담하고 이에 대한 구상권을 행사하는 절차를 거친다.

위와 같은 보호조치의 경우에는 피해학생 및 보호자에게 의견진술의 기회를 부여하여야 하고, 보호조치요청이 있을 경우 보호자의 동의를 받아 7일 내 해당 조치를 하여야 한다.

실무에서 문제가 되는 경우는 위 삭제된 ⑤호의 전학권고조치이다. 초중등교육법 시행령에 의하면 학교의 장은 학생의 교육환경을 바꾸어 줄 필요가 있다고 인정하는 경우 다른 학교로 전학을 추천할 수 있도록 하고 있으며, 초등학교의 경우 보호자1인의 동의를 얻도록 하고 있어, 현행법으로도 학교폭력으로 인해 교육환경의 변화가 필요한 경우 전학추천을 받아 전학을 갈 수 있다.

그러나, 상당수의 학교에서 이러한 전학추천에 난색을 표하고 있고, 심지어 전학을 받아야 할 타 학교측에서 해당 학생의 전학에 대해 거부반응을 보이는 경우까지도 필자가 겪은 적이 있었다. 이러한 점에서, 위와 같은 전학권고조치 삭제가 피해자가 전학을 가는 것이 이상하다는 선한 의도에도 불구하고 제도의 작동이 제대로 되고 있는 것인지에 대한 의문이 있다.

한편, 성폭력범죄에 의한 피해학생의 전학요청의 경우에는, 학교장은 반드시 교육감(교육장)에게 의무적으로 학교배정을 요청하여야 하고, 이 때 배정된 학교의 학교장은 해당 학생의 전학에 대해 전학을 거부할 수 없도록 법률로 규정하고 있다(성폭력방지 및 피해자보호 등에 관한 법률 제7조).

또한, 피해학생의 보호조치 등 보호가 필요한 학생에 대해 학교장이 인정하는 경우 그 조치에 필요한 결석에 대해 이러한 결석을 객관적으로 필요하다고 인정되는 범위에서 출석일수에 산입할 수 있도록 정하고 있다.

그리고, 심의위원회 개최 및 위 보호조치 요청 이전에 학교폭력 피해자가 학교폭력으로 인한 피해로 출석하지 못하였음을 학교 전담기구의 조사 및 확인을 거쳐 학교장이 인정하는 경우에는 출석을 한 것으로 처리한다.

이외에, 보호조치를 받은 것을 이유로 성적평가 등에 불이익으로 작용하지 않도록 하여야 하고, 피해학생이 결석하게 되어 부득이 시험에 응시하지 못한 경우에는 학교학업성적관리규정에 의거 불이익이 없도록 조치해야 한다.

2-6. 가해학생에 대한 조치

가해학생에 대한 조치로는 ① 서면사과, ② 피해학생 및 신고·고발학생에 대한 접촉, 협박 및 보복행위의 금지, ③ 교내봉사, ④ 사회봉사, ⑤ 학내외 전문가에 의한 특별 교육이수 또는 심리치료, ⑥ 출석정지, ⑦ 학급교체, ⑧ 전학, ⑨ 퇴학처분이 있다.

위 ③~⑤호의 조치를 받은 경우 관련된 결석은 학교장이 인정하는 경우 출석일수에 산입할 수 있다.

또한, 학교폭력사안이 접수된 이후 심의위원회 조치이행 완료 전까지 가해학생의 경우 원칙적으로 전학 등 학적변동에 대해 제한을 가하는데, 그러한 경우라도 성폭력 등의 경우 내부 결재를 거쳐 전학 등의 조치를 우선적으로 시행할 수 있다. 저자 또한 성 관련 사안으로 가해학생인 의뢰인에게 자발적으로 전학을 가도록 조언드린 적도 있다.

① 서면사과

가해학생이 피해학생에게 서면으로 사과를 하라는 조치이다. 심의위원회에서 일정 기간 내에 서면사과를 이행하도록 하는 처분을 내리고, 이후 기간 내 가해학생의 사과문 제출시 학교에서 피해학생에게 사과문을 전달하여 주는 방식인데, 문제는 가해학생이 위와 같은 심의위원회의 처분에도 불구하고 서면사과를 거부하면 어떻게 되는가의 문제가 있다.

이러한 점을 고려하여, 자세한 내용은 후술하겠으나 초·중등교육법 시행규칙은 가해학생이 서면사과를 이행하지 아니하였을 경우 조건부 기재유보 관리대장이 아닌 생활기록부에 곧바로 1호조치를 받은 사실이 기재되는 간접적인 불이익을 입게 되도록 규정을 하고 있다.

이러한 서면사과가 헌법상 양심의 자유에 침해되는지에 대한 논의가 있으나, 아직 헌법재판소의 결정은 나온 바가 없다.

② 피해학생 및 신고·고발학생에 대한 접촉, 협박 및 보복행위의 금지

피해학생 및 신고학생의 보호에 필요하다고 심의위원회가 의결하는 경우 가해학생이 피해학생, 신고·고발학생에게 접촉이나 협박, 보복행위등을 하지 말라는 조치를 내리는 것으로, 주요적인 효과는 접촉금지라고 볼 수 있다(협박이나 보복행위는 그 자체로 학교폭력행위이기 때문이다). 또한, 위 처분은 부가적 처분의 성격이 있어, 다른 처분과의 병과가 가능하다.

③ 교내봉사

가해학생이 학교 내에서 봉사활동을 하라는 조치이다. 심의
위원회에서 일정 기간 내에 일정 시간의 교내봉사를 이행하도
록 하는 처분을 내리게 되는데, 이를 이행하지 아니할 경우 조
건부 기재유보 관리대장이 아닌 생활기록부에 곧바로 3호조치
를 받은 사실이 기재되는 불이익을 입게 된다.

④ 사회봉사

가해학생이 학교 외에서 봉사활동을 하라는 조치이다. 심의
위원회에서 일정 기간 내에 일정 시간의 사회봉사를 이행하도
록 하는 처분을 내리며, 사회봉사 처분부터는 생활기록부에 곧
바로 조치가 기재된다.

⑤ 학내외 전문가에 의한 특별 교육이수 또는 심리치료

가해학생의 선도·교육에 필요하다고 심의위원회가 의결한 경
우 가해학생에 대한 특별교육이수 또는 심리치료를 하게 되며
조치로서의 특별교육과 부가적 처분으로서 부가된 특별교육이
있다. 또한, 가해자의 보호자에게도 특별교육이 내려지는 경우

가 있는데, 이는 가해학생에 대한 조치로서의 특별교육이 있는 경우 내려진다. 보호자가 특별교육에 대해 불응할 경우 300만 원 이내의 과태료처분이 내려질 수 있다.

통상적으로 조치가 내려진 후 3개월 이내에 특별교육을 이수할 수 있도록 시간과 장소를 안내하고 있다.

가해학생 조치사항	학생 특별교육	보호자 특별교육
제1호 피해학생에 대한 서면사과		
제2호 피해학생 및 신고·고발학생에 대한 접촉, 협박 및 보복행위의 금지	2시간 또는 4시간	2시간 또는 4시간
제3호 학교에서의 봉사		
제4호 사회봉사	초등 : 1회 과정 5시간 중등 : 5 ~ 20시간	1회 과정 5시간 (재5호 심리치료 조치 시 없음)
제5호 학내외 전문가에 의한 특별교육 이수 또는 심리치료		
제6호 출석정지	초등 : 1회 과정 5시간 중등 : 5 ~ 20시간	
제7호 학급교체		
제8호 전학		
제9호 퇴학처분		

⑥ 출석정지

가해학생이 일정 기간 출석을 하지 못하게 하여 반성의 기회를 주기 위한 조치이다. 가해학생에 대한 출석정지 기간은 출석일수에 산입하지 않으며, 생활기록부에서 미인정결석(무단결석)으로 처리된다.

이로 인해 출석정지처분이 이후 생활기록부에서 삭제되더라도(졸업일로부터 2년 후 삭제) 이러한 미인정결석이 남게 되어 학교폭력과 관련한 처분이 있었음을 추측할 수 있게 되는 문제가 발생하는데, 이러한 점에서 출석정지는 상당히 무거운 처분에 해당한다.

⑦ 학급교체

가해학생을 피해학생으로부터 격리하고 학급교체를 통한 반성의 기회를 주기 위한 조치이다. 문제는 소규모의 학교인 경우 실무상 문제가 되는 경우가 있는데, 실제 저자는 2개의 학급밖에 존재하지 않는 학교에서 학급교체에 대해 난색을 표하는 경우를 경험한 적이 있다. 이미 가해학생이 타 학급 학생과 학교폭력 피·가해 관계가 있는 상황에서 학급교체 처분을 하여야 할 수도 있는 상황 등 특수한 상황이 발생하기도 하여, 학급교체 처분은 해당 학교의 사정을 고려할 수 없는 상황이 발생할 수 밖에 없고, 특히 앞으로 학령인구가 계속 줄어들 수 밖에 없는 현실에서는 더욱 자주 일어날 것으로 예상된다.

⑧ 전학처분

의무교육의 범위 내에서 가장 무거운 처분으로, 가해학생을 피해학생으로부터 최대한 격리하고 전학을 통한 반성의 기회를 주기 위한 조치이다. 이러한 점을 고려하여 상당히 먼 거리로 전학을 보내는데, 이에 대해 지나치게 먼 거리에 학생을 배정하여 논란이 된 경우가 있다.

피해학생 부모님께서 가장 원하시는 처분이나, 가장 무거운 처분 중 하나이므로 그만큼 심각한 학교폭력 사안이어야 가능한 처분이다. 저자의 경험으로는 피해학생의 성관계 영상을 유포하거나 장기간의 심각한 폭력행위를 가한 경우 등의 사유가 있었다.

교육감 또는 교육장은 전학 조치된 가해학생과 피해학생이 상급학교에 진학할 때에는 각각 다른 학교를 배정하여야 한다. 이 경우 피해학생이 입학할 학교를 우선적으로 배정하도록 하고 있다.

⑨ 퇴학처분

가장 무거운 처분으로, 위와 같이 초·중등학생의 경우 전학처분까지만 가능하므로, 고등학생에게만 가능한 처분이 된다.

저자는 퇴학처분을 내리거나 퇴학처분을 받은 학생 측으로부터 의뢰를 받은 경험이 없을 정도로 매우 드문 처분으로, 가해학생을 선도·교육할 수 없다고 보는 경우에 내려지는 조치이므로, 현실적으로 퇴학처분 정도의 조치가 내려질 정도라면 형사적인 처분을 받을 가능성이 높을 것으로 사료된다.

2-7. 가해학생 조치별 적용 세부 기준

			기본 판단 요소					부가적 판단요소	
			학교폭력의 심각성	학교폭력의 지속성	학교폭력의 고의성	가해학생의 반성정도	화해정도	해당 조치로 인한 가해학생의 선도가능성	피해학생이 장애학생인지 여부
판정 점수		4점	매우높음	매우높음	매우높음	없음	없음	해당점수에 따른 조치에도 불구하고 가해학생의 선도가능성 및 피해학생의 보호를 고려하여 시행령 제14조 제5항에 따라 학교폭력대책심의위원회 출석위원 과반수의 찬성으로 가해학생에 대한 조치를 가중 또는 경감할 수 있음	피해학생이 장애학생인 경우 가해학생에 대한 조치를 가중할 수 있음
		3점	높음	높음	높음	낮음	낮음		
		2점	보통	보통	보통	보통	보통		
		1점	낮음	낮음	낮음	높음	높음		
		0점	없음	없음	없음	매우높음	매우높음		
가해학생에 대한 조치	교내선도	1호 피해학생에 대한 서면사과	1~3점						
		2호 피해학생 및 신고·고발학생에 대한 접촉 협박 및 보복행위의 금지	피해학생 및 신고·고발학생의 보호에 필요하다고 심의위원회가 의결할 경우						
		3호 학교에서의 봉사	4~6점						
	외부기관연계선도	4호 사회봉사	7~9점						
		5호 학내외 전문가에 의한 특별 교육이수 또는 심리치료	가해학생 선도·교육에 필요하다고 심의위원회가 의결할 경우						
	교육환경변화 교내	6호 출석정지	10~12점						
		7호 학급교체	13~15점						
	교외	8호 전학	16~20점						
		9호 퇴학처분	16~20점						

① 기본 판단요소

위 세부 기준표에서 확인되는 바와 같이, 가해학생에 대한 조치에 대한 기본 판단요소로 ㉠ 학교폭력의 심각성, ㉡ 학교폭력의 지속성, ㉢ 학교폭력의 고의성, ㉣ 가해학생의 반성 정도, ㉤ 화해 정도 5개 항목에 대해 각 항목별 판정점수를 정하고 이를 합산하여 처분을 정하게 된다.

위 각 항목당 점수를 정하는 방식은 각 위원이 항목별로 점수를 정하여 합산한 점수를 평균내는 방식이 아니고, 각 항목별로 다수결로 정한 뒤, 이를 합산한 점수로 처분을 결정한다.

㉠ 학교폭력의 심각성은 학교폭력의 내용이 심각한 정도가 어느 정도인지를 의미하는 것이고, ㉡ 학교폭력의 지속성은 학교폭력행위의 기간이 어느 정도인지, ㉢ 학교폭력의 고의성은 주도적으로 고의에 기해 이뤄진 것인지, 아니면 방조행위 등에 그쳤는지의 정도를 파악하는 것인데, 위 3개의 개념이 불분명한 부분이 있어 혼란을 일으키는 경우가 있다.

또한, ㉣ 가해학생의 반성 정도는 가해학생이 학교폭력을 인정하고 반성하고 있는지, ㉤ 화해 정도는 피해학생측과 얼마나 화해가 이루어졌는지, 그 가능성이 있는지 여부를 확인하는 부분이다.

특히, ㉣ 가해학생의 반성 정도와 관련하여서는 가해학생의 입장에서 피해학생의 주장이 과장된 부분에 대하여는 어떠한 대처를 하여야 할지, 한 적이 없는 행위에 대하여도 인정을 하여야 할 지에 대한 고민이 발생하는 경우가 있다. 과장된 부분에 대해 일일이 지적할 경우 반성을 하지 않는다는 인상을 줄 우려가 있기 때문이다.

그리고, ㉤ 화해 정도와 관련하여서는, 실무상으로는 학교폭력대책심의위에 오는 경우 대부분이 가해학생과 피해학생 간 화해가 잘 되지 않는 경우가 많은데, 이를 무턱대고 화해정도에 대해 낮은 평가를 할 경우 의도하지 않은 높은 처분이 나올 수 있어, 심의 과정에서 이러한 사정을 고려하여 점수를 산정하는 경우가 종종 있다.

② 부가적 판단요소

㉠ 해당 조치로 인한 가해학생의 선도가능성, ㉡ 피해학생이 장애학생인지 여부를 고려하여 조치를 감경하거나 가중할 수 있다.

실무상 심의위원회에서는 기본 판단요소를 고려하기 전 어떠한 처분을 내릴지 미리 어느 정도 정해놓고 진행하는 경우가 종종 있는데, 기본 판단요소에서 그 이상의 처분이 내려져야 하는 점수가 나오는 경우 선도가능성을 통해 감경을 행하는 경우가 있다.

또한, 피해학생이 장애학생인 경우 조치를 가중할 수 있는데, 문제는 피해학생이 장애학생인 경우 기본 판단요소에 대해 이미 이를 고려하여 심각성이나 고의성 등을 산정할 가능성이 높은데, 이에 대해 부가적 요소에서 이중평가를 할 위험성이 발생하는 문제가 있다.

3. 가해학생에 대한 학교폭력대책심의위원회 결정의 생활기록부 기재

초 · 중등교육법 시행규칙

제21조(학교생활기록의 기재내용 등) ① 법 제2조에 따른 학교(이하 "학교" 라 한다)의 장이 법 제25조제1항에 따라 같은 항 제1호부터 제6호까지의 자료를 학교생활기록으로 작성하는 경우 그 기재내용은 다음 각 호와 같다. 〈개정 2020. 2. 28.〉

1. 인적사항: 학생의 성명 · 주민등록번호 및 주소 등

2. 학적사항: 학생이 해당 학교에 입학하기 전에 졸업한 학교의 이름, 졸업 연월일 및 재학 중 학적 변동이 있는 경우 그 날짜 · 내용 등. 이 경우 학적 변동이 「학교폭력예방 및 대책에 관한 법률」 제17조제1항제8호 및 제9호의 조치사항에 따른 것인 경우에는 그 내용도 적어야 한다.

3. 출결상황: 학생의 학년별 출결상황 등. 이 경우 출결상황이 「학교폭력예방 및 대책에 관한 법률」 제17조제1항제4호부터 제6호까지의 조치사항에 따른 것인 경우에는 그 내용도 적어야 한다.

4. 자격증 및 인증 취득상황: 학생이 취득한 자격증의 명칭, 번호, 취득 연월일 및 발급기관과 인증의 종류, 내용, 취득 연월일 및 인증기관 등

5. 교과학습 발달상황: 학생의 재학 중 이수 교과, 과목명, 평가 결과 및 학습활동의 발전 여부 등

6. 행동특성 및 종합의견: 학교교육 이수 중 학생의 행동특성과 학생의 학교교육 이수 상황을 종합적으로 이해할 수 있는 의견 등. 이 경우 해당 학생에 대해 「학교폭력예방 및 대책에 관한 법률」 제17조제1항제1호부터 제3호까지 및 제7호에 따른 조치사항이 있는 경우에는 그 내용도 적어야 한다.

② 제1항제6호 후단에 따라 「학교폭력예방 및 대책에 관한 법률」 제17조제1

항제1호부터 제3호까지에 따른 조치사항에 관한 내용을 적어야 하는 경우는 다음 각 호의 어느 하나에 해당하는 경우로 한정한다. 이 경우 제2호에 해당하는 경우에는 그 다른 학교폭력사건으로 받은 「학교폭력예방 및 대책에 관한 법률」 제17조제1항제1호부터 제3호까지에 따른 조치사항에 관한 내용도 함께 적어야 한다. 〈신설 2020. 2. 28.〉

1. 해당 학생이 「학교폭력예방 및 대책에 관한 법률」 제17조제1항제1호부터 제3호까지에 따른 조치사항을 이행하지 않은 경우

2. 해당 학생이 「학교폭력예방 및 대책에 관한 법률」 제17조제1항제1호부터 제3호까지에 따른 조치를 받은 후 동일 학교급에 재학하는 동안(초등학생인 경우에는 그 조치를 받은 날부터 3년 이내의 범위에서 동일 학교급에 재학하는 동안) 다른 학교폭력사건으로 같은 조 제1항의 조치를 받은 경우

학교생활기록 작성 및 관리지침 제7조(인적ㆍ학적사항)

④ '특기사항'란에는 학적변동의 사유를 입력한다. 특기사항 중 학교폭력과 관련된 사항은 「학교폭력 예방 및 대책에 관한 법률」 제17조에 규정된 가해학생에 대한 조치사항을 입력한다.

학교생활기록 작성 및 관리지침 제8조(출결사항)

④ '특기사항'란에 결석사유 또는 개근 등 교육부장관이 별도로 정하는 내용을 학급 담임 교사가 입력한다. 특기사항 중 학교폭력과 관련된 사항은 「학교폭력 예방 및 대책에 관한 법률」 제17조에 따른 가해학생에 대한 조치사항을 입력한다.

학교생활기록 작성 및 관리지침 제16조(행동특성 및 종합의견)

② 행동특성 중 학교폭력과 관련된 사항은 「학교폭력 예방 및 대책에 관한 법률」 제17조에 규정된 가해학생에 대한 조치사항을 입력한다

3-1. 기재가 유보되는(기재유보관리대장) 조치 등

초중등교육법 시행규칙 제21조에 따르면, 가해학생이 1호~3호처분(서면사과, 접촉, 협박 및 보복행위금지, 학교내 봉사)의 조치사항을 이행기간 내에 이행한 경우에는 일단 학교생활기록부에 작성을 유보하고, 당장은 생활기록부에 이를 기재하지 않게 된다. 반성의 기회를 부여하고 경미한 사안임에도 학교폭력 가해자라는 낙인을 찍는 것을 막기 위한 조치로 보인다.

다만, 위와 같이 1~3호 처분에 대해 일단 학교폭력 가해학생 조치 조건부 기재유보 관리대장에 기재를 해 놓아, 생활기록부에 기재되는 것은 아니나 일단 이러한 사실이 있었다는 것 자체는 기재를 해 놓으며, 이후 동일 학교급에 재학하는 동안(초등학교의 경우 조치일로부터 3년 이내) 다른 학교폭력 사건으로 다시 다른 조치를 받게 되는 경우에는 기재유보되어 있던 조치까지 모두 생기부에 기재를 하게 된다(초중등교육법 시행규칙 제21조 제2항 제2호).

따라서, 위와 같이 조건부기재유보 관리대장에 기재되는 조치(1~3호 조치)가 내려진 경우, 피해학생 측에서는 생활기록부에 기재도 안되는 조치가 무슨 의미가 있냐라고 반문하시는 경우를 보았는데, 이러한 조치로 인해 위와 같이 다시 학교폭력이 반복될 경우 즉시 해당 조치가 생활기록부에 기재될 뿐만 아니라 다시 열리게 되는 학교폭력대책심의위원회에서 가중사유로까지 반영되는 2중의 불이익을 가해학생이 입게 되는 점에서, 재발방지의 억제효과가 뚜렷이 발생한다는 점을 고려하여 피해학생은 위와 같은 조건부 기재의 가능성에도 불구하고 적극적으로 대처를 하여야 한다.

또한, 일부 학부모님께서는 자존심이 상한다는 이유로 조치사항을 이행하지 않을 수 있느냐는 질문을 하시는 경우도 있는데, 조치를 불이행한 경우에도 생기부에 1호~3호처분을 받은 사실이 기재되므로, 자존심을 이유로 이러한 불이익을 감수할 이유는 없다고 생각된다(초중등교육법 시행규칙 제21조 제2항 제1호).

또한, 4호~9호(사회봉사, 특별교육이수, 출석정지, 학급교체, 전학처분, 퇴학처분) 처분의 경우에는 조치 후 즉시 생활기록부에 해당 내용이 기재된다.

다만, 이러한 기재에도 불구하고 이후 가해학생이 제기한 행정심판이나 행정소송에서 승소하는 경우 해당 내용은 삭제가 가능하며, 소송제기 전 집행정지시 학교생활기록부의 기재와 관련하여서는 집행정지 관련 항목에서 자세한 내용을 다루도록 한다.

3-2. 생활기록부 조치 기재내용의 삭제

제1호~제3호, 제7호의 조치는 졸업과 동시에, 제4호~제6호, 제8호의 조치는 졸업하기 직전에 전담기구에서 심의를 거쳐 졸업과 동시에 생활기록부에서 삭제 가능한데, 가해 학생의 반성정도와 긍정적 행동변화 정도 등을 고려하도록 하고 있다.

가해학생 조치사항	학교생활기록부 기재 영역	삭제시기
제1호 피해학생에 대한 서면사과	행동특성 및 종합의견	- 졸업과 동시에 삭제 - 학업중단자는 학적을 유지하였을 것으로 가정하였을 때 졸업하였을 시점에 삭제
제2호 피해학생 및 신고·고발학생에 대한 접촉, 협박 및 보복행위의 금지		
제3호 학교에서의 봉사		
제7호 학급교체		
제4호 사회봉사	출결상황 특기사항	- 졸업일로부터 2년 후 - 졸업 직전 전담기구의 심의를 거쳐 졸업과 동시에 삭제 가능 - 학업중단자는 학적을 유지하였을 것으로 가정하였을 때 졸업하였을 시점으로부터 2년 후 삭제
제5호 학내외 전문가에 의한 특별교육 이수 또는 심리치료		
제6호 출석정지		
제8호 전학	인적·학적사항 특기사항	
제9호 퇴학처분		- 삭제대상이 아님

4. 학교폭력의 개념상 학교폭력인지 문제되는 사례들

학교폭력예방 및 대책에 관한 법률(학교폭력예방법)

제2조 (정의)

1. "학교폭력"이란 학교 내외에서 학생을 대상으로 발생한 **상해, 폭행, 감금, 협박, 약취 · 유인, 명예훼손 · 모욕, 공갈, 강요 · 강제적인 심부름 및 성폭력, 따돌림, 사이버 따돌림, 정보통신망을 이용한 음란 · 폭력 정보 등에 의하여 신체 · 정신 또는 재산상의 피해를 수반하는 행위**를 말한다.

1의2. "**따돌림**"이란 학교 내외에서 **2명 이상의 학생들**이 특정인이나 특정집단의 학생들을 대상으로 **지속적이거나 반복적**으로 신체적 또는 심리적 공격을 가하여 상대방이 고통을 느끼도록 하는 모든 행위를 말한다.

1의3. "**사이버 따돌림**"이란 인터넷, 휴대전화 등 정보통신기기를 이용하여 학생들이 특정 학생들을 대상으로 **지속적, 반복적으로 심리적 공격**을 가하거나, **특정 학생과 관련된 개인정보 또는 허위사실을 유포**하여 상대방이 고통을 느끼도록 하는 모든 행위를 말한다.

2. "학교"란 「초 · 중등교육법」 제2조에 따른 초등학교 · 중학교 · 고등학교 · 특수학교 및 각종학교와 같은 법 제61조에 따라 운영하는 학교를 말한다.

3. "가해학생"이란 가해자 중에서 학교폭력을 행사하거나 그 행위에 가담한 학생을 말한다.

4. "피해학생"이란 학교폭력으로 인하여 피해를 입은 학생을 말한다.

5. "장애학생"이란 신체적 · 정신적 · 지적 장애 등으로 「장애인 등에 대한 특수교육법」 제15조에서 규정하는 **특수교육이 필요한 학생**을 말한다.

많은 분들이 학교폭력에 대해 생각하는 의미는 대체적으로 교내에서 일어난 폭력이거나, 이 범위를 좀 더 넓게 보아도 학교 외에서 급우나 같은 학교 학생들과 관련한 사건들(폭력)이라고 생각하시는 경우가 많다.

그러나, 위 '학교폭력'의 정의를 보면 '학교 내외'에서 일어난 사건들을 대상으로 하고 있어, 설령 다른 학교라 하더라도 학생을 대상으로 하면 '학교폭력'에 해당하여, 학교생활과는 별 관련 없는 타지의 학생이라 하더라도 '학교폭력'에 해당하여 처분을 받을 수 있다. 반면, 학교를 다니지 않는 또래의 소년에게 폭력을 행사하면 위 법률상의 '학교폭력'에는 해당하지 않게 된다.

또한, 위 나열된 개념에서 보듯, '학교폭력'의 개념은 매우 그 범위가 넓어 어디까지가 학교폭력인지에 대해 논란거리가 생기는 경우가 많다. 이에, 법원에서는 '학교폭력'에 관한 개념상의 범위를 축소하여 해석하고자 할 경우 아래와 같은 문구로 판결을 하고 있다.

┌─ 判 例 ──────────────────────────────

> ### 서울행정법원 2021. 7. 13. 선고 2021구합***** 판결
>
> 구 학교폭력예방법의 규정 내용, 체계 및 취지 등에 의하여 알 수 있는 다음과 같은 점, 즉 구 학교폭력예방법은 '학교폭력'의 정의를 매우 광범위하고 포괄적으로 규정하고 있는 한편, 경미한 학교폭력의 경우에도 가해학생에 대한 조치를 의무화하고 이를 학교생활기록부에 기재하도록 하고 있어 가해학생의 장래에 미치는 영향이 매우 큰 점, 구 학교폭력예방법 제3조는 '이 법을 해석·적용함에 있어서 국민의 권리가 부당하게 침해되지 아니하도록 주의하여야 한다'고 규정하고 있는 점, 학교생활 도중 학생들 사이의 크고 작은 갈등이나 분쟁의 발생은 당연히 예상될 뿐만 아니라 학교라는 공동체의 특수성을 고려할 때 아직 인격적으로 미성숙한 학생에 대하여 행위의 법적 책임을 엄격하게 추궁하는 것은 가혹한 면이 있는 점 등에 비추어 보면, 학교생활 중에 일어난 어떤 행위가 '학교폭력'에 해당하는지 여부는 그 행위의 내용, 발생 경위와 전후 상황, 피해학생의 대응, 행위의 반복성·조직성 여부, 가해학생과 피해학생의 평소의 관계 등을 살펴 신중히 판단할 필요가 있다.

반면, 법원에서 학교폭력의 범위를 넓게 인정하는 경우에는, 아래와 같은 판결문구를 사용하고 있다.

> ### 判 例
>
> ### 부산지방법원 2022. 12. 16. 선고 2022구합***** 판결
>
> 위와 같은 학교폭력예방법의 목적 및 문언을 종합하면, 학교폭력은 학교폭력예방법 제2조 제1호에 나열되어 있는 폭행, 모욕 등의 행위에 한정되지 않고, 형

법상의 범죄구성요건을 엄격히 충족하여야 하는 것도 아니며, 학생의 신체·정신 또는 재산에 피해를 줄 수 있는 모든 행위가 널리 학교폭력에 포함될 수 있다.

결국, 위 '학교폭력'과 관련한 법적 정의를 아주 조금만 오해하더라도 학교폭력의 범위에 대해 잘못 인지를 하게 되는 경우가 생겨 학교폭력임을 인지하지 못하고 잘못된 행동을 하는 경우가 생기거나, 반대로 학교폭력에 해당하지 않음에도 불구하고 학교와 교육청에서 학교폭력으로 취급받아 불이익한 처분을 받게 되는 경우가 일어나고 있는 상황이다.

그래서, 저자가 수집한 학교폭력의 정의에 해당되지 않는다고 보아 학폭위의 처분이 취소된 판결사례, 방조 등도 학교폭력에 해당한다는 판결사례 등을 통해 '학교폭력'의 실제적 의미를 파악해 보도록 하자.

4-1. 학교폭력에 대한 방조행위도 학교폭력에 해당한다.

判 例

부산지방법원 2022. 12. 16. 선고 2022구합***** 판결

또한 직접적인 폭행행위 등을 실행한 학생뿐만 아니라, 그러한 행위를 함께 모의하거나, 교사하거나, 방조함으로써 다른 가해학생의 실행행위에 물리적, 정신적, 경제적 지지 등을 제공한 경우에도 '학교폭력에 가담'한 학생으로서 가해학생에 해당한다. 또한 이러한 '학교폭력' 및 '가해학생' 해당 여부는 문제되는 행위의 경위, 태양, 정도, 가해학생과 피해학생 간의 관계 등의 제반사정에 비추어 볼 때 가해학생에 대한 선도·교육이 필요한지, 피해학생에 대한 보호조치가 필요한지 등을 고려하여 합목적적으로 판단하여야 한다.

타 학생이 학교폭력을 하고 있는 상황에서 이를 말리지 마라고 하거나, 폭력행위를 돕는 경우 등의 상황이 발생하는 경우가 있다. 특히 요즘에는 싸움장면을 휴대전화로 녹화하여 SNS에 업로드 하는 등의 경우가 방조행위에 해당하는지 문제되는 사안이 종종 일어나고 있다.

이러한 점을 고려하여, 학생들은 되도록 방조행위로 취급될수 있는 행동을 하지 않도록 학생들 간 싸움이 발생할 경우먼저 신고를 하는 등으로 방조행위로 몰리지 않도록 주의할 필요가 있고, 방조행위를 한 학생으로 지목될 경우 아래 방조행위가 아님을 이유로 학폭위의 의결을 취소한 판결과 같이당시 제반 사정을 충분히 소명하여 학교폭력의 혐의에서 벗어날 필요가 있다.

창원지방법원 2022. 6. 15. 선고 2022구단****** 판결

가) 학생들끼리 서로 몸싸움을 하기로 사전에 합의하거나 그러한 싸움의 발생이 객관적으로 예상되는 상황에서 다른 학생들이 이와 같은 점을 알면서도 이를 제지하지 아니한 채 싸움 장면을 촬영·녹음을 해주기로 약속하거나 실제 싸움 현장에 참석하여 이를 방관하는 등 폭행 등을 용이하게 하는 직·간접적인 행위를 하였다면, 특별한 사정이 없는 한 폭행 등의 방조행위에 해당할 수 있고, 유포 등을 목적으로 피해학생들의 동의 없는 촬영·녹음시에는 피해학생의 인격권을 침해하는 행위로서 모두 학교폭력예방법에 정한 학교폭력에 해당할 수 있다.

나) 그러나 이 사건의 경우, 앞서 든 증거들에다가 변론 전체의 취지에 의하여 인정되는 아래와 같은 사정들을 종합하면, 피해학생 ①은 매우 소극적인 상태로 이 사건 조치원인 기재 싸움에 임하게 된 것으로 보이고, 원고뿐만 아니라 자신의 부모들과 이 사건 싸움현장에 함께 하기로 하였고 실제 근처에 함께 있었던 점 등에 비추어 볼 때, 피해학생 ①은 피해를 걱정하여 오로지 증거확보를 위한 목적으로 원고에게 동영상 촬영 및 녹음을 부탁하였고, 원고 또한 그러한 목적으로 핸드폰을 설치하고, 스마트워치로 녹음을 한 것으로 볼 수 있는바, 이 사건 조치원인인 원고의 행위는 피해학생 ②의 폭행 등을 방조하는 행위라거나 유포 등 목적으로 동영상을 촬영하거나 녹음함으로써 피해학생들의 인격권을 침해하는 행위로서 학교폭력에 해당한다고 평가할 수는 없고, 결국 이와 다른 전제에서 한 피고의 이 사건 처분은 위법하다.

1) 원고와 피해학생 ①은 같은 반 친구로 평소 매우 친한 사이였다.

피해학생 ①은 2021. 10.말경 다른 학생들로부터 '초등학생 때 왕따를 당했었고, 도롱뇽을 먹은 적이 있다'는 등의 소문으로 무시당하는 상황에서 개설된 SNS 대화방에서 시비가 붙게 되었고 단체방을 탈퇴하는 등 이를 회피하였으나, 결국 2021. 10. 30.에 피해학생 ②와 싸움을 하기로 하였다.

피해학생 ①은 싸움 전날인 2021. 10. 29. 싸움이 걱정되어 자신의 모친에게 위 사실을 알렸고, 모친으로부터 싸움에 나가지 말 것을 권유받았으나, 자신이 나가지 않으면 겁쟁이 등 오명이 생길 것을 우려하여 싸움현장에는 나가는 대신, 싸우지 않고 먼저 대화를 하고 혹시 모를 사태를 대비하여 모친이 싸움현장 가까이에 있어 주기로 하였다.

아울러 피해학생 ①은 위 시기에 원고에게 혼자 가기에는 위험할 것 같으니 싸움현장에 동행하고, 증거를 남기기 위해 촬영 및 녹음을 해 줄 것을 부탁하였다. 이에 응하여 원고는 이 사건 싸움현장에 가게 되었다.

당시 원고는 싸움현장으로 가는 도중에 위 피해학생으로부터 '싸울 생각보다는 그냥 대화를 할 거다'라는 말을 들었고, 이후 싸움이 일어나게 될 위 장소에 핸드폰을 설치하였으나, 몸싸움이 조금 떨어진 다른 곳에서 급작스럽게 이뤄지게 되면서 위 핸드폰으로 촬영은 거의 이루어지지 못하였고, 따로 준비한 스마트워치로 녹음을 하였다.

2) 피해학생 ①은 실제 싸움이 발생한 지 불과 10여초 만에 피해학생 ②로부터 일방적으로 폭행을 당하여 안면골절 등 약 8주 이상의 치료를 요하는 상해를 입게 되었고, 현장 근처에 있었던 부모의 112 신고, 제지 등으로 싸움이 중지되었다.

피해학생 ①의 부모는 이 사건 조치원인 기재 싸움 당시 현장 가까이에 있었으며, 준비한 차량의 블랙박스로 싸움장면의 동영상이 녹화되었다.

3) 피해학생 ②는 평소 피해학생 ①과는 얼굴조차 모르는 사이로, SNS 대화방에서 시비가 붙게 되어 피해학생 ①과 싸움에 이르게 되었다. 피해학생 ②는 주짓수 등 운동으로 단련된 학생으로, 앞서 본 바와 같이 이 사건 싸움 당시 피해학생 ①에 대하여 선제공격을 가하는 등 일방적으로 폭력을 행사하였다.

한편, 피해학생 ①에 대한 소문을 유포하였다는 학생도 이 사건 싸움현장에 피해학생 ② 측으로 참석하였는데, 위 학생은 이 사건 싸움 당시 '나이스'라고 외쳤기도 하였고, 그 목소리가 원고의 스마트워치에 녹음되었다.

4) 원고는 피해학생들이 참가한 SNS 대화방에 참가하였으나, 싸움을 부추기는 대화를 하지는 않았고, 그 이외에 원고가 피해학생들의 싸움을 부추기는 등 이를 용이하게 하는 행위를 하였다는 점을 뒷받침할 만한 자료는 없다.

4-2. '따돌림'의 의미

학교폭력예방법상 "따돌림"이란 학교 내외에서 2명 이상의 학생들이 특정인이나 특정집단의 학생들을 대상으로 지속적이거나 반복적으로 신체적 또는 심리적 공격을 가하여 상대방이 고통을 느끼도록 하는 모든 행위를 말한다.

따라서, 2명이 아닌 1명이 하였거나, 지속적·반복적이 아니거나, 신체적 혹은 심리적 공격을 가한 것이 아닌 경우에는 따돌림으로서 학교폭력이 아닌 것이 되는 것이다.

아래 판결사안 또한 위와 같은 취지에서 어느 하나 혹은 그 이상이 부족하다고 보아 따돌림이 아니라는 취지의 판결을 한 사례들이다.

判 例

창원지방법원 2022. 3. 16.자 2020구단***** 판결

학교폭력예방법 제2조 제1의2호는 "따돌림"의 개념에 관하여 '학교 내외에서 2명 이상의 학생들이 특정인이나 특정집단의 학생들을 대상으로 지속적이거나 반복적으로 신체적 또는 심리적 공격을 가하여 상대방이 고통을 느끼도록 하는 모든 행위'를 말한다고 규정하고 있다.

이 사건으로 돌아와 살피건대, 을 제3, 5호증의 각 기재에 의하면, 관련 학생 등이 이 사건 심의위원회 의결 당시 원고가 2019년경부터 관련 학생를 따라다니고, 험담하고, 주위 친구들에게 관련 학생과 놀지 말라고 말하여 관련 학생에 정신적 피해를 줬다고 진술한 사실은 인정된다.

그러나 위 진술 내용을 그대로 믿는다 하더라도, 원고로 인하여 관련 학생이 상당히 불쾌한 감정을 느꼈을 수는 있겠으나, 그것만으로는 원고가 원고 이외의 다른 학생과 함께 또는 다른 학생을 이용하여 관련 학생을 대상으로 하여 지속적이거나 반복적으로 신체적 또는 심리적 공격을 가함으로써 학교폭력예방법상 '따돌림'을 하였거나 '따돌림'을 조장한 경우에 해당한다고 볼 수는 없고, 달리 원고의 발언이나 행동이 학교폭력예방법상 모욕 등 기타 학교폭력에 해당한다고 볼만한 특별한 사정도 없으므로, 원고의 이 부분 주장은 이유 있다.

判 例

청주지방법원 2022. 6. 9. 선고 2021구합***** 판결

갑 제2호증, 을 제1, 2호증의 각 기재에 의하면 원고가 이 사건 각 행위를 한 사실, 원고는 'D에게 손가락으로 숫자 5를 만들어서 놀리고, D이 농구를 그렇게 잘 하지도 않는데 포지션에서 탑이 D라고 비꼬듯이 말했다'라는 취지로 학생확인서를 작성한 사실, 원고와 함께 이 사건 각 행위를 한 다른 학생들도 'D를 놀리기 위해 이 사건 각 행위를 하였다'는 취지로 학생확인서를 각 작성한 사실, 원고 등 중 한 명이 'J이 손바닥 사인을 만들기 전 "멈춰!"를 하면서 친구들이 손바닥을 상대방에게 가리켰는데, J이 이것을 D라는 뜻으로 만들어서 쓰게 되었다'는 취지로 학생확인서를 작성할 사실, 원고가 이 사건 각 행위를 하는 것을 목격한 이 사건 학교의 학생이 그 사실을 D에게 전달한 사실, D는 '이 사건 각 행위가 발생한 이후 불안하고 눈치가 약간 보인다'라고 학생확인서를 작성한 사실이 인정되기는 한다.

그러나 앞서 든 증거들에 변론 전체의 취지를 더하여 인정되는 다음과 같은 사정들을 고려해 보면, 피고가 제출한 증거들만으로 이 사건 각 행위가 학교폭력예방법상의 학교폭력(따돌림, 언어폭력)에 해당한다고 보기 부족하고, 달리 이를 인정할 증거가 없다. 따라서 이 사건 처분은 처분사유가 부존재하여 위법하므로 취소되어야 한다(이 사건 처분이 위와 같은 이유로 위법하다고 보는 이상, 제3 주장에 대해서는 나아가 살피지 아니한다).

가) 우선 이 사건 각 행위가 '따돌림'에 해당하는지에 관하여 보건대, 학교폭력예방법 제2조 제1의2호에서 따돌림에 대하여 '학교 내외에서 2명 이상의 학생들이 특정인이나 특정집단의 학생들을 대상으로 지속적이거나 반복적으로 신체적 또는 심리적 공격을 가하여 상대방이 고통을 느끼도록 하는 모든 행위를 말한다'고 규정하고 있으므로, <u>학교폭력예방법상 따돌림에 해당하기 위해서는 원고의 이 사건 각 행위가 D에게 '신체적 또는 심리적 공격을 가한 것'으로 평가될 수 있어야 한다.</u>

원고 등이 D에 관한 부정적인 인식을 가지고 이 사건 각 행위를 한 것으로 보이기는 하나, <u>D가 없는 자리에서 원고 및 원고의 친한 친구들 사이에 대화 도중에 일어난 행위임을 고려하면, 피고가 제출한 증거만으로는 이 사건 각 행위가 D에게 도달할 것을 전제로 하여 D에게 고통을 느끼도록 할 의도로 한 것이라거</u>

나 D에게 직접적으로 심리적, 정신적 고통을 가하기 위한 신체적 또는 심리적 공격으로서 따돌림에 해당함을 인정하기에 부족하고 달리 이를 인정할 증거가 없다.

判 例

수원지방법원 2021. 6. 10. 선고 2020구합***** 판결

1) 갑 2, 4, 5, 12호증, 을 1 내지 4, 7호증의 각 기재에 의하면, 원고 A이 D에게, 2019. 7. 3. '그만 좀 붙어다녀, 너 게이냐?'라고 하고, 2019. 7. 9. G의 부탁을 받고 'G에게 사과하라고'라는 말을 한 후 '좆같게 하네'라고 하였으며, 2019. 7. 10. '존나 실망했어'라고 하였고, 2019. 9. 21. '이번에는 전학생 꼬시냐? 레전드네'라고 한 사실, D은 2020. 4. 20.부터 2020. 5. 22.까지 혼합형 불안 및 우울병 장애 증상 등으로 K정신과의원, 청소년상담센터에서 진료 내지 상담을 받았고, 2020. 11. 6. E고등학교를 자퇴한 사실은 인정된다.

2) 그러나 앞에서 본 인정사실에다가 갑 6, 10, 11, 13, 14, 15, 17 내지 24호증을 포함하여 앞서 든 증거들 및 변론 전체의 취지에 의하여 인정되는 다음과 같은 사정들을 종합하면, 원고 A의 D에 대한 행위가 구 학교폭력예방법 제2조 제1의2호에서 정한 따돌림에 해당한다고 단정할 수 없다.

가) 학생들이 학교생활을 하는 과정에서 발생하는 모든 갈등이나 분쟁을 학교폭력으로 의율하는 것은 바람직하지 않기 때문에, 학교폭력예방법 제2조 제1호는 '학교폭력'의 개념에 관하여 규정하고 있으며, 제3조는 "이 법을 해석·적용함에 있어서 국민의 권리가 부당하게 침해되지 아니하도록 주의하여야 한다."고 규정하고 있는데, 이는 '학교폭력' 개념의 확대해석으로 인하여 지나치게 많은 학교폭력 가해자를 양산하거나, 같은 행위를 두고서도 그것을 학교폭

력으로 문제를 삼는지에 따라 위 법에 따른 조치대상이 되는지 여부가 달라지는 것을 방지하기 위한 취지의 규정으로 볼 수 있다. 특히 학교생활 내외에서 학생들 사이에 크고 작은 갈등이나 분쟁의 발생은 당연히 예상되고 학교폭력으로 인하여 학교폭력예방법 제17조 제1항에 열거된 조치를 받은 경우 이를 학교생활기록부에 기재하고 졸업할 때까지 보존하게 되므로, 일상적인 학교생활 중에 일어난 어떤 행위가 학교폭력예방법상의 정의 규정에 해당하는지 여부는 그 발생 경위와 상황, 행위의 정도 등을 신중히 살펴 판단할 필요성이 있다.

나) D은 원고 A 외에 H, L, M, N으로부터도 신체적·심리적 공격 내지 물리적 폭력을 통한 따돌림을 당했다고 주장하였는데, 학교폭력대책 심의위원회는 H, L, M은 D에게 따돌림을 행사하였다고 보았고 N은 학교폭력을 행사하였다고 볼 증거가 없다고 보았다. 피고는 2020. 6. 3. H, L, M에게 서면사과, 접촉, 협박 및 보복행위의 금지 등의 처분을 하였고, 이에 H, L, M은 행정심판을 제기하였는데, 경기도교육청행정심판위원회는 H 등이 D을 따돌릴 의도로 다른 학생들과 함께 D을 따돌리는 행동을 하였다고 볼 증거가 없다는 이유로 2020. 12. 23. H, L, M에 대한 위 각 징계처분을 취소하였다. 다) D은 원고 A 및 H, L, M의 징계처분을 전학 처분으로 가중할 것과 N에 대한 조치 없음 결정을 취소해 줄 것을 요구하는 내용의 행정심판을 제기하였는데, 경기도교육청행정심판위원회는 2020. 12. 23. 위 청구를 기각하였다.

그리고 D은 2020. 4.경 원고 A 및 H, N, L, M을 각 고소하였으나, 수원지방검찰청 검사는 2020. 10. 14. 원고 A 및 H, L, M의 모욕죄 혐의에 대하여 공소권 없음 처분을, N, L의 상해죄 내지 재물손괴 혐의에 대하여 혐의없음(증거불충분) 처분을 각 하였다.

라) 이 사건 각 처분의 사유에 따르면 해당 사건은 최소 3개월 이상 지속되었고, 그동안 원고가 단독으로 피해학생을 괴롭혔을 뿐 아니라 다른 학생들까지 선동하여 집단 따돌림을 하였다는 것이다.

그렇다면 위 사유의 규모에 비추어 볼 때 그중 일부 사실이라도 목격한 학생이 존재하여야 자연스럽다 할 것임에도, 이를 목격한 학생은 찾기 힘들고 오히려 당시 원고 A 및 D과 같은 반 학생들은 아래와 같은 내용의 확인서를 작성하고 있을 뿐이다.

마) 학교폭력예방법상 따돌림 행위가 학교폭력에 해당하려면 고의에 의한 행위일 것을 요하므로, 2명 이상의 학생들이 고의적으로 특정 상대방에 대하여 인격권 등 법익을 침해할 정도의 심리적 공격을 반복적으로 가하여야 할 것이다. 그런데 앞에서 본 것처럼 원고 A과 함께 학교폭력대책 심의위원회에 회부되었던 다른 모든 학생들에 대해서 따돌림 행위의 증거가 없다는 취지의 행정심판 결정이 내려졌고, 제2, 3, 4, 5사유와 관련하여 원고 A이 G, H, I과 함께 D의 인격을 무시·모독하는 언행을 공동으로 하였다거나 심리적인 공격을 반복적으로 하였다고 단정할 만한 구체적인 정황은 부족하다.

바) 제5사유가 따돌림에 해당한다고 보기 위해서는 원고 A의 요구 등에 의하여 I이 D을 멀리하는 등의 사정이 있어야 하는데, 이를 뒷받침할 객관적인 증거는 보이지 않는다. 오히려 D은 I에게 I을 벌레라고 칭하는 내용의 문자를 보내기도 하였는데, 이러한 문자 등이 원인이 되어 I과 D 사이가 멀어지게 되었을 가능성도 있다.

사) 원고 A이 D에게 했던 말들은 D에 대한 태도를 당사자 등에게 밝힌 것에 불과하고, 이것을 2명 이상의 학생들이 D을 따돌리는 것에 동참하라는 의미라고 단정하기에는 너무 단편적이며, 이는 감수성이 예민한 연령의 원고 A과 D 간 일상적인 갈등상황에서 비롯된 것일 가능성도 상당하다.

아) 설령 D이 진료 등을 받을 만큼 심리적 고통을 겪었다고 하더라도, 이러한 사정을 통하여 원고 A과 D 사이에 일련의 갈등이 있었다고 추단해 볼 수는 있겠으나, 나아가 원고 A이 따돌림을 반복하거나 주도하였다는 점까지 인정하기에는 한계가 있어 보인다.

자) 원고 A이 D을 따돌렸다는 점에 관하여 D 본인의 진술 외에 다른 객관적인 증거가 갖추어져 있지 않으므로 위 진술 자체에 더욱 높은 신빙성이 요구된다. 그런데 앞에서 본 사정들 및 D은 1학년 생활이 마무리된 지 약 3개월이 지난

시점에서 원고 A 등을 고소한 점 등을 종합하여 보면, 원고 A이 D을 따돌렸다는 취지의 D의 진술은 원고 A과의 갈등 상황에 대한 D의 주관적인 감정 내지 평가에 해당할 가능성을 배제하기 어렵다.

또한, 아래 판결과 같이 학생들끼리 친소집단을 형성하는 과정에서 발생하는 갈등을 무턱대고 학교폭력상의 따돌림이라고 보기는 어렵다는 취지의 판결을 한 사례도 있다.

判 例

수원지방법원 2022. 5. 18.자 2021구합***** 판결

① F이 E과 연락처를 교환한 2021. 6. 28. E에게 '근데 이거(톡하는 것) A(원고)한테 말하지마.', 'A가 너랑 친하게 지내는 거 좀 싫어해.'라는 문자메시지를 보낸 사실, 그 이후 F과 E이 잘 지내던 중 F이 E에게 '절교하자.'라는 문자메시지를 보낸 사실은 인정된다. 그러나 앞 부분 문자메시지 내용은 초등학교 5학년 학생들끼리 친소 집단을 형성하는 과정에서 흔히 있을 수 있는 갈등 내용으로 보인다. 뒷 부분 문자메시지 내용은 F이 E과 사이에서 생긴 다른 분쟁 때문에 보낸 문자메시지로 보이고, 원고가 F에게 위와 같은 문자메시지를 보내도록 요구하였음을 확인할 만한 자료는 없다.
② 원고가 2021. 7. 9. 유튜브에 업로드한 영상은 전체적으로 E과 갈등을 겪으면서 느낀 자신의 심경을 토로하는 것이 주된 내용으로 보인다. 영상 내용만으로는 E을 일방적으로 따돌리기 위한 가해의도에서 업로드한 것이라고 보기에 부족하다.

③ 원고와 F이 2021. 7. 6. E에게 전화하여 절교하자고 말한 사실은 있다. 그러나 F은 위 사건 전날까지 E과 친해서 원고와 '절교'하기도 하였고, 원고, E, F 등은 서로 어울리는 대상이 바뀌어 온 것으로 보인다. 원고와 F의 일방적, 지속적 따돌림 행위라고 보기 어렵고, 초등학교 5학년 학생들이 같은 반 생활을 하는 과정에서 흔히 예상되는 갈등의 범위 안에 있다고 보인다. 담임 교사는 심의위원회에서 '저희 반에서 유행처럼 너 고소할 거야 손절할 거야라는 말을 많이들 사용해서 계속 지도를 하였다.'라고 진술하였다.

④ "따돌림"이란 학교 내외에서 2명 이상의 학생들이 특정인이나 특정집단의 학생들을 대상으로 지속적이거나 반복적으로 신체적 또는 심리적 공격을 가하여 상대방이 고통을 느끼도록 하는 모든 행위를 말한다(학교폭력예방법 제2조 제1의2호). 원고와 F의 행위가 일방적인 가해행위였다고 단정하기 어렵고, 인정되는 사실관계에 나타난 행위의 횟수, 기간, 정도에 비추어 볼 때 그 공격행위가 지속적이거나 반복적이라고 보기도 어렵다. 담임 교사는 심의위원회에서 '제가 학생들을 평소에 관찰을 했을 때 학교폭력 관련된 사안 이야기가 나오기 전까지 세 친구의 큰 접점은 없었다고 교실 내에서 확인을 하였다. 학교 내에서 나눔 장터를 시행한 2021. 7. 5.경 F, 원고, E이 가까워지는 계기가 되었던 것 같다.'라고 진술하였다.

4-3. '사이버 따돌림'의 의미

학교폭력예방법상 "사이버 따돌림"이란 인터넷, 휴대전화 등 정보통신기기를 이용하여 학생들이 특정 학생들을 대상으로 지속적, 반복적으로 심리적 공격을 가하거나, 특정 학생과 관련된 개인정보 또는 허위사실을 유포하여 상대방이 고통을 느끼도록 하는 모든 행위를 말한다.

따라서, 사이버 따돌림 또한 따돌림과 마찬가지로 2명이 아닌 1명이 하였거나(위 조항에서 '학생들'이라고 명시하고 있다), 지속적·반복적이 아니거나, 심리적 공격을 가한 것이 아닌 경우 등에는 사이버 따돌림으로서 학교폭력이 아닌 것이 되는 것이다.

아래 판결사안 또한 위와 같은 취지에서 어느 하나 혹은 그 이상이 부족하다고 보아 사이버 따돌림이 아니라는 취지의 판결을 한 사례이다.

判例

수원지방법원 2022. 5. 18. 선고 2021구합*** 판결**

2) 갑 제5호증, 을 제2, 7호증의 각 기재 및 변론 전체의 취지를 종합하여 알 수 있는 다음의 사정들에 비추어 보면, 피고가 제출한 증거들만으로는 E에 대한 원고의 행위가 학교폭력예방법이 정한 '학교폭력'에 해당한다는 점을 인정하기에 부족하고, 달리 이를 인정할 증거가 없다.

① 원고가 E과 연락처를 교환한 2021. 6. 28. E에게 '근데 이거(톡하는 것) F한테 말하지마.', 'F가 너랑 친하게 지내는 거 좀 싫어해.'라는 문자메시지를 보낸 사실, 그 이후 원고와 E이 잘 지내던 중 원고가 E에게 '절교하자.'라는 문자메

시지를 보낸 사실은 인정된다. 그러나 앞 부분 문자메시지 내용은 초등학교 5학년 학생들끼리 친소 집단을 형성하는 과정에서 흔히 있을 수 있는 갈등 내용으로 보인다. 뒷 부분 문자메시지 내용은 원고가 E과 사이에서 생긴 다른 분쟁 때문에 보낸 문자메시지로 보이고, 원고와 F가 따돌림을 가하며 E에게 보낸 문자메시지라는 점을 확인할 만한 자료는 없다. ② 2021. 7. 9. 유튜브에 업로드 된 영상은 F가 업로드한 것이고, 원고는 영상 업로드에 관여하지 않았다.

③ 원고와 F가 2021. 7. 6. E에게 전화하여 절교하자고 말한 사실은 있다. 그러나 원고는 위 사건 전날까지 E과 친해서 F와 '절교'하기도 하였고, 원고, E, F 등은 서로 어울리는 대상이 바뀌어 온 것으로 보인다. 원고와 F의 일방적, 지속적 따돌림 행위라고 보기 어렵고, 초등학교 5학년 학생들이 같은 반 생활을 하는 과정에서 흔히 예상되는 갈등의 범위 안에 있다고 보인다. 담임 교사는 심의위원회에서 '저희 반에서 유행처럼 너 고소할 거야 손절할 거야라는 말을 많이들 사용해서 계속 지도를 하였다.'라고 진술하였다.

④ "따돌림"이란 학교 내외에서 2명 이상의 학생들이 특정인이나 특정집단의 학생들을 대상으로 지속적이거나 반복적으로 신체적 또는 심리적 공격을 가하여 상대방이 고통을 느끼도록 하는 모든 행위를 말한다(학교폭력예방법 제2조 제1의2호). 원고와 F의 행위가 일방적인 가해행위였다고 단정하기 어렵고, 인정되는 사실관계에 나타난 행위의 횟수, 기간, 정도에 비추어 볼 때 그 공격행위가 지속적이거나 반복적이라고 보기도 어렵다. 담임 교사는 심의위원회에서 '제가 학생들을 평소에 관찰을 했을 때 학교폭력 관련된 사안 이야기가 나오기 전까지 세 친구의 큰 접점은 없었다고 교실 내에서 확인을 하였다. 학교 내에서 나눔 장터를 시행한 2021. 7. 5.경 원고, F, E이 가까워지는 계기가 되었던 것 같다.'라고 진술하였다.

判 例

가) 이 사건 행위는 원고가 같은 반 학생들이 참여한 이 사건 SNS 대화방에서 지속적으로 D을 무시하는 발언을 하였다는 것을 내용으로 하고, 앞서 본 바와 같이 원고가 다른 학생들이 있는 이 사건 SNS 대화방에서 D에게 직접 또는 D이 대화방을 나간 상황에서 D이 눈치가 없거나 쓸데없는 말을 한다는 취지로 D을 무시하는 내용의 발언을 한 사실이 있음은 인정된다.

나) 그러나 앞서 인정한 사실 및 증거들과 갑 제3호증 내지 갑 제6호증의 각 기재에 변론 전체의 취지를 더하여 알 수 있는 다음과 같은 사정을 종합하여 보면, 피고가 제출한 증거만으로는 이 사건 행위가 학생을 대상으로 한 사이버 따돌림 등 정신상의 피해를 수반하는 학교폭력에 해당한다고 단정하기 어렵고, 달리 이를 인정할 증거가 없다.

(1) 이 사건에서 문제된 SNS 대화방에는 원고와 D을 비롯한 다수의 또래 학생들이 참여하여 주로 자신들의 일상이나 관심사, 서로의 안부, 농담, 장난, 경우에 따라서는 욕설, 비속어를 사용하는 등 선생님의 관여 없이 자유롭게 대화가 이루어진 것으로 보이는데, 이와 같이 또래 학생들 사이에서 장기간 수시로 자유롭게 오고간 대화의 전제적인 맥락이나 흐름을 파악하지 않은 채 어느 순간의 몇 마디 대화 내용이나 표현만을 토대로 학교폭력에 해당하느냐 여부를 판단하는 것은 적절하지 않은 것으로 보인다. 그런데 이 사건 처분을 위한 학교폭력 조사 및 심의 과정에서 피고는 원고의 이 사건 행위가 있었던 이 사건 SNS 대화방의 전체적인 대화내역을 확보하지 아니한 채 신고자인 D이 제공한 몇 줄의 대화내용을 토대로 학교폭력 해당 여부를 판단하고 있고, 이 사건 소송에서도 이 사건 SNS 대화방에 참여한 학생들의 수와 구성, 이 사건 SNS 대화방에서 이루어진 원고와 D 사이의 전체적인 대화 내용, 원고가 D을 무시하는 발언을 한 시기와 횟수 등을 구체적으로 주장하거나 이를 확인할 수 있는 자료를

제출하지 못하고 있다.

(2) 이 사건 처분서에도 원고가 언제, 어떤 상황에서 얼마나 자주 D을 무시하는 발언을 하였고, 그 발언의 내용이 구체적으로 무엇인지에 대하여 사실관계를 확정할 만한 내용은 기재되어 있지도 않다.

(3) 피고는 이 사건 소송 과정에서 D이 학교폭력대책심의위원회에 제출한 이 사건 SNS 대화방 캡쳐 화면(을 제4호증의2 제2쪽 내지 제4쪽)에서 확인되는 원고의 2020. 10. 1.경부터 2020. 10. 8.경까지 3차례의 발언을 이 사건 처분의 원인이 된 학교폭력 행위로 특정하였다. 그러나 위와 같은 이 사건 SNS 대화방 캡쳐 화면만으로는 원고가 다른 학생들이 참여한 이 사건 SNS 대화방에서 D을 무시하는 발언을 반복적으로 하였다는 사정은 뚜렷이 드러나지 않을 뿐만 아니라 몇 명의 학생들이 참여한 가운데 어떤 대화과정이나 대화맥락에서 원고가 그와 같은 표현을 한 것인지 파악할 수도 없다. 또한 피고가 정리한 사실관계에 의하더라도 원고의 이 사건 행위는 2020. 6.경 등교개학이 이루어진 후 상당한 기간이 경과한 2020. 10. 1.경부터 2020. 10. 8.경까지 3회에 걸쳐 이루어진 것에 불과하므로, 원고의 행위가 "D이 학교생활을 하는데 심리적으로 위축되거나 사이버 대화방과 유사한 분위기가 등교개학 이후 지속되도록 하는데 원인을 제공한 측면이 있다.", "중학교에 처음 입학하여 등교개학이 이루어지지 않아 온라인상에서 관계를 형성하여야만 하는 제한적 환경에서 이루어졌다."는 내용의 이 사건 처분서에 기재된 조치결정의 이유와도 부합된다고 보기 어렵다.

(4) 학교폭력대책심의위원회에 제출된 G, H의 각 학생 확인서 또한 원고가 D에게 해당 발언을 하게 된 경위, 발언의 내용, 발언의 횟수 등이 충분히 구체적으로 기재되어 있지 않아 이 사건 행위가 학교폭력에 해당한다고 판단하는 근거가 되기에는 부족하다. 특히 H은 원고가 D뿐만 아니라 자신을 포함한 다른 학생들에게도 비슷한 발언을 하였다는 취지로 진술하였는데, 이는 원고가 다른 학생들이 보는 앞에서 유독 D을 무시하는 발언을 계속하여 D이 반 학생들

로부터 따돌림을 당하게 된 결과에 원인을 제공한 측면이 있다는 내용의 이 사건 처분의 조치결정 이유와 부합하지 않는 측면이 있다.

(5) 학교폭력대책심의위원회는 원고와 D의 사실관계에 대한 주장이 서로 상당히 다른 상황이고, D의 학교폭력 신고 내용 중 원고가 D의 바지를 벗겼다는 내용을 포함한 상당 부분에 대하여 증거가 없다는 이유로 학교폭력에 해당하지 않는다고 판단하였음에도, 이 사건 SNS 대화방에서 이루어진 대화내용을 확인할 수 있는 자료를 확보하거나, G, H 등 다른 학생들을 상대로 보다 구체적인 사실관계를 확인하기 위한 추가적인 조사를 전혀 진행하지 않은 채, 위와 같은 이 사건 SNS 대화방 캡쳐 화면, 학생 확인서 등의 자료만을 근거로 원고의 이 사건 행위가 학교폭력에 해당한다고 판단하였다. 이에 학교폭력대책심의위원회 심의과정에서 일부 심의위원들은 객관적 자료가 없어 판단하는데 어려움이 있다는 의견을 제시하였고, 같은 이유에서 가해학생의 보호자가 비용을 부담하여야 하는 피해학생에 대한 보호 조치는 하지 않기로 의결하기도 하였다.

(6) 한편, 원고가 D을 학교폭력으로 신고하면서 제출한 이 사건 SNS 대화방 캡쳐 화면에서 확인되는 일부 대화내용을 살펴보면, D 또한 이 사건 SNS 대화방에서 원고를 상대로 욕설이나 부적절한 단어를 사용하였음이 확인되고, 이 사건 SNS 대화방에 참여한 학생들은 특별한 문제의식 없이 상대방의 기분을 상하게 할 수 있는 다소 거친 표현을 거리낌 없이 사용하거나 맥락과 상관없는 장난조의 농담을 자주 주고받았던 것으로 보인다. 따라서 원고뿐만 아니라 D을 포함한 다른 학생들도 이 사건 SNS 대화방에서 장난조로 욕설과 상대방을 무시하는 표현을 서로 주고받았다는 원고의 주장을 상당히 수긍할 수 있다.

(7) 학교폭력대책심의위원회는 원고의 학교폭력 신고에 따라 조사 및 심의가 이루어진 D의 원고에 대한 폭언 및 욕설 행위에 대하여는 앞에서 본 바와 같이 학교폭력에 해당하지 않는다고 판단하였는데, 이 사건 SNS 대화방에서 이루어진 대화내용 중 극히 일부분만을 확인할 수 있어 그 대화가 이루어진 전후 맥락을 온전히 파악할 수 없는 상황에서, 특정 학생의 발언은 학교폭력에 해당하

고, 다른 학생의 발언은 학교폭력에 해당하지 않는다고 판단하는 것은 합리적이라고 평가하기 어렵다.

(8) 원고는 이 사건 행위가 있었던 2020년 당시 만 12~13세의 중학교 1학년생으로서 D과 마찬가지로 전년도에 초등학교를 졸업한 후 중학교에 입학한 상태에서 새로운 학우들과 원만한 관계를 형성하기 위하여 노력하고 있었을 것으로 보인다. 이러한 상황에서 원고가 여러 학생들이 참여한 이 사건 SNS 대화방에서 다른 학생에 대하여 다소 부적절한 발언을 하였다고 하더라도, 이는 학교폭력예방법에서 정한 학교폭력으로 의율하는 것보다는 이 사건 학교 내부에서 담임교사 등에 의한 훈계나 지도 등 적절한 교육권을 행사하여 해결하는 것이 바람직하다고 판단된다. 학교폭력예방법에서 정한 가해학생에 대한 조치는 어디까지나 피해학생의 보호와 가해학생의 선도·교육을 위하여 이루어지는 것이고, 학교라는 공동체의 특수성을 고려할 때 아직 인격적으로 미성숙한 학생에 대하여 행위의 법적 책임을 엄격하게 추궁하는 것은 가혹한 면이 있기 때문이다.

4-4. '모욕'의 의미

학교폭력예방법은 "모욕"의 경우에도 학교폭력에 해당하는 행위임을 명시하고 있는데, 학생들 간 교류 과정에서 대화상황에 따라 다양한 양상이 발생할 수 있으므로, 학교폭력의 의미로서의 모욕의 범위는 신중히 해석할 필요가 있으며, 모욕의 개념과 관련하여 모욕행위임을 인정하지 아니한 아래 판결사례를 참고할 필요가 있다.

> **判 例**

청주지방법원 2022. 6. 9. 선고 2021구합***** 판결

다음으로 이 사건 각 행위가 학교폭력예방법 제2조 제1호가 규정하는 '모욕'에 해당하는지에 관하여 보건대, 모욕이란 사실의 적시 없이 사람의 사회적 평가를 저하시킬 만한 추상적 판단이나 경멸적 감정을 표현하는 것으로, 그에 해당하는지 여부는 사회통념과 건전한 상식에 따라 그 표현의 의미와 의도, 글의 전체적인 내용과 맥락, 행위자와 상대방과의 관계 등 구체적·개별적인 사정들을 종합하여 객관적·합리적으로 판단하여야 하는바 (대법원 2017. 1. 25. 선고 2016도15261 판결 참조), 이 사건 각 행위의 내용은 모두 D에 관한 부정적 인식에서 비롯된 것으로 반어법 등 D를 다소 비꼬는 듯한 표현이 사용되기는 하였으나, D의 인격적 가치에 대한 사회적 평가를 저하시킬 만한 경멸적 감정을 표현한 모욕적 언사에 해당한다고 보기는 어렵다(이 사건 각 행위가 모욕 이외에 다른 언어폭력에 해당될 가능성에 관하여 보더라도, 피고가 제출한 증거만으로는 이를 인정하기 부족하고, 달리 이를 인정할 증거가 없다).

또한 아래 판결들은 학교폭력으로서의 모욕에 해당하지 않아 학교폭력이 아니므로, 학교폭력대책심의위원에서 학교폭력으로 보아 행한 처분을 취소하라는 판결을 한 사례들이다.

> **判 例**

부산지방법원 2021. 10. 22. 선고 2021구합***** 판결

가) 학생들이 학교생활을 하는 과정에서 발생하는 모든 갈등이나 다툼을 학교폭력예방법으로 해결하는 것은 바람직하지 않다. 학생들이 학교생활을 하는 과정에서 크고 작은 갈등이나 다툼이 생기는 것은 자연스럽고, 그 갈등이나 다툼을 모두 나쁜 것이라고 단정할 수도 없기 때문이다. 학교폭력예방법이 제2조 제1호에서 '학교폭력'의 개념을 규정하고 있고, 제3조에서 '이 법을 해석·적용함에 있어서 국민의 권리가 부당하게 침해되지 아니하도록 주의하여야 한다.'고 규정하고 있는 취지도 '학교폭력' 개념을 확대해석하여 지나치게 많은 학교폭력 가해자를 만들어냄으로써 발생할 수 있는 문제를 막는 데 그 취지가 있다고 봄이 상당하다. 또한 학교폭력으로 학교폭력예방법 제17조 제1항 각 호에 규정된 조치를 받은 경우 이는 학교생활기록부에 기재되는 등으로 그 학생에게 불이익이 된다. 이와 같은 사정들을 고려하면, 학생들이 학교생활을 하는 과정에서 일어난 어떤 행위가 구 학교폭력예방법 제2조 제1호의 '학교폭력'에 해당하는지는 그 발생 경위와 행위의 정도 등을 살펴서 신중하게 판단해야 한다.

나) 학교폭력예방법 제2조 제1호는 '학교폭력이란 학교 내외에서 학생을 대상으로 발생한 상해, 폭행, 감금, 협박, 약취·유인, 명예훼손·모욕, 공갈, 강요·강제적인 심부름 및 성폭력, 따돌림, 사이버 따돌림, 정보통신망을 이용한 음란·폭력 정보 등에 의하여 신체·정신 또는 재산상의 피해를 수반하는 행위를 말한다'고 규정하고 있다. 피고는 '이 사건 행위로 C이 창피함과 모욕감을 느끼는 등 정신적 피해를 입었다'는 이유로 이 사건 행위를 학교폭력으로 인정하였으므로, 이 사건 행위가 학교폭력예방법 제2조 제1호에서 정한 학교폭력으로 인정되기 위해서는 이 사건 행위가 모욕 또는 정보통신망을 이용한 폭력정보로서 C에게 정신적 피해를 입혔음이 인정되어야 할 것이다.

갑 제4호증, 을 제1호증의 각 기재에 의하면 ① 학교 원격수업 중이던 2020.

6. 29. 11:25경 스피커로 수업과 관련 없는 게임 소리가 1분 가량 들린 사실, ② SNS 학급 단체 대화방(이하 이 사건 대화방이라 한다)에 2020. 6. 29. 11:27경부터 'C아', '실망이 크다' 등 C의 스피커를 통하여 게임 소리가 새어나온 것을 의심하는 글들이 올라온 사실, ③ C이 '내가 테러 안했는데 ㅋㅋㅋ 누구냐고', '혼자 뒤집어썼네' 등 변명하는 글을 올리자 같은 학급의 재학생들이 'C이 왜 그럼' 등의 글을 올리고, 이에 원고도 이 사건 대화방에 '추하다 C아'라는 글을 올린 사실이 인정된다. 이와 같은 이 사건 행위의 발생 경위에다가, '언행 따위가 지저분하고 더럽다'는 '추하다'의 사전적 의미를 보태어 보면, 원고가 이 사건 행위를 한 것은 C을 모욕하거나 가해하겠다는 의도였다기보다 학교 원격수업을 방해하는 행위를 하고도 자신의 행위가 아니라는 C의 변명이 궁색하고 그 태도가 떳떳하지 못함을 지적하려는 의도였던 것으로 보인다.

또한 앞서 든 증거들에 의하면, ④ 원고가 이 사건 행위를 한 직후 같은 학급의 재학생들이 이 사건 대화방에서 원고를 향하여 '왜 여기다가.. ㅋㅋ', '니가 더 추함'이라는 글을 올린 사실, ⑤ C도 원고를 향하여 '개소리 ㄴㄴ(노노라는 의미)', '넌 콧소리좀 그만 내삼 시끄러움'이라는 글을 올린 사실(을 제1호증 제10면 하단 참조), ⑥ 이후 이 사건 대화방에서 '추하다 C아', '니가 더 추함' 등의 글이 모두 삭제된 사실을 인정할 수 있다. 이와 같은 이 사건 행위에 대한 C 및 학급 재학생들의 반응 및 태도, 이 사건 행위 이후의 경과 등을 고려하면, 중학교 2학년에 재학하는 일반적인 학생을 기준으로 할 때 이 사건 행위가 상대방에게 약간의 불쾌함을 줄 수 있을지는 몰라도 모욕 또는 가해행위로 인식되거나 이로 인하여 정신적 피해를 입는다고 보기도 어렵다.

다) 무엇보다 학교폭력예방법에서 정한 가해학생에 대한 조치는 어디까지나 피해학생의 보호와 가해학생의 선도·교육을 위하여 이루어지는 것이다. 학교폭력예방법은 '학교폭력'의 정의를 매우 광범위하고 포괄적으로 규정하고 있는 한편, 경미한 학교폭력의 경우에도 가해학생에 대한 조치를 의무화하고 일정한 경우 학교생활기록부에도 기재하도록 하고 있어, 가해학생에 대한 조치

의 결정이 그 학생의 장래에 미치는 영향이 매우 크다. 나아가 학교라는 공동체의 특수성을 고려할 때 아직 인격적으로 미성숙한 학생에 대하여 행위의 법적 책임을 엄격하게 추궁하는 것은 가혹한 면이 있다. 따라서 학교폭력 가해학생에 대한 조치는 학교폭력의 내용과 성질, 조치를 통하여 달성하고자 하는 목적, 관련 법령에 따른 조치의 기준 등 여러 요소를 살펴 피해학생의 보호와 가해학생의 선도·교육이라는 목적에 부합하는 방향으로 신중히 결정하여야 한다.

判例

대구지방법원 2022. 5. 25. 선고 2021구합***** 판결

① 학교폭력예방법상 학교폭력에 해당하는 '명예훼손' 또는 '모욕'이 반드시 형벌 규정이 정한 구성요건에 해당하는 행위에 국한된다고 할 수는 없다. 그러나 학교폭력예방법에서 명예훼손이나 모욕에 대한 정의규정을 따로 두지 않고 있으며, 학교폭력의 개념의 확대해석으로 인하여 지나치게 많은 학교폭력 가해자를 양산하는 것은 방지하여야 하므로, 학생의 행위가 학교폭력예방법에서 정한 명예훼손 또는 모욕에 해당하는지를 검토함에 있어서도 형법상의 구성요건인 공연성을 갖추고 있는지 여부는 충분히 고려되어야 한다. 따라서 학생이 일상적인 학교생활 중에 다른 학생에 대하여 부적절한 언행을 하였다는 사실만으로는 곧바로 학교폭력예방법상 학교폭력에 해당하는 명예훼손 또는 모욕을 하였다고 단정할 수는 없고, 해당 언행의 구체적 내용과 그 수위, 발언 횟수, 언행 전후의 맥락, 그와 같은 언행을 하게 된 경위, 표현의 정도, 불특정 또는 다수인이 인식할 수 있는 상태 등을 종합적으로 고려하여 학교폭력에 해당하는지 여부를 판단하여야 한다.
② 원고가 F에게 피해학생의 어머니에 관한 모욕적인 발언을 한 것은 비록 피해학생이 없는 자리에서 이루어진 것일지라도 대단히 부적절한 행동에 해당하

기는 한다. 그러나 공개되지 않은 곳에서 원고와 F 둘만의 대화과정에서 이루어진 발언으로 원고가 처음에는 말하기를 주저하였으나 F의 계속되는 권유와 비밀보장을 믿고서 발언하게 된 점, 원고와 F이 친한 동급생 친구였고 SNS나 메신저 등 전파성이 높은 통신수단을 매개로 한 행위가 아닌 점, 원고로서는 F의 비밀보장 약속을 믿은 만큼 자신이 한 발언이 피해학생에게 전달되리라고 기대하기 어려웠던 점 등에 비추어 볼 때, 원고가 당시 위 발언이 피해학생에게 전달될 것을 예상하였다거나 피해학생에게 전달될 것을 염두에 둔 발언으로 보이지 아니하므로, 원고의 위 발언에 전파가능성이 있어 공연성이 인정된다고 볼 수는 없다.

③ 원고의 발언은 피해학생에게 직접 심리적, 정신적 피해를 가하기 위한 공격이 아니었고, 오히려 위 발언이 피해학생에게 도달하지 않는 것을 전제로 한 친구 사이의 비밀스러운 대화 도중 이루어진 것이다. 원고의 발언이 피해학생과 관련된 것이기는 하지만 피해학생에게 도달할 것을 전제로 한 것이 아니었으므로 피해학생에게 정신적 피해를 줄 의도로 한 가해행위로 보기도 어렵다.

判 例

창원지방법원 2022. 6. 22. 선고 2021구단***** 판결

2) 구체적인 판단

앞서 든 증거들에다가 갑 제5, 6호증의 각 기재와 변론 전체의 취지를 종합하여 인정되는 아래와 같은 사정들을 종합하여 볼 때, 피고 제출 증거들만으로는 원고가 이 사건 조치원인 기재와 같은 발언을 하였다고 인정하기에 부족하고, 가사 원고가 이러한 발언을 하였다 하더라도 이러한 발언이 피해학생에 대한 정신상 피해를 수반하는 행위로서 학교폭력예방법상 '학교폭력'에 해당한다고 보기는 어려우므로, 이를 전제로 한 피고의 위 처분 부분은 부적법하다.

① 이 사건 조치원인 중 ①항 부분에 관련하여, 피해학생(을 제3호증의 1) 및 피해학생 측 목격자인 학생(을 제1호증의 4, 을 제3호증의 3과 동일)의 각 진술에 의하면, 원고가 피해학생에게 '동생을 때려도 되나'라는 말을 하였다는 것이나, 원고 측 목격자인 학생(갑 제6호증의 2)의 진술에 의하면, 위 발언은 원고가 아닌 다른 친구가 하였다는 것으로, 양측의 진술이 서로 상반되고 있다.

다만, 피해학생이 스스로 한 진술에 의하더라도, 이 사건 전에 피해학생의 동생이 원고에게 방망이를 던져 원고가 맞게 된 사건이 있었고, 피해학생의 동생이 급식실에서도 원고에게 말한 것이 있어 원고로부터 보복받을까 두려웠다는 것이고, 원고의 진술에 의하면, 원고가 급식실에서 당시 4학년인 피해학생의 동생으로부터 4학년 동생들이 있는 앞에서 '원고가 자신의 형인 피해학생을 힘들게 하게 했다'고 말하는 것을 들으며 손가락질을 당하기도 하였다는 것이다.

살피건대, 이 사건 조치원인 ①항 부분 발언 주체가 초등학교 6학년의 학생으로서 발언 경위와 내용, 원고와 피해학생 및 그 동생과의 관계 등에 비추어 볼 때, 위 발 언이 피해학생에 대한 협박 등으로 피해학생에 대한 정신상 피해를 수반하는 행위로서 학교폭력예방법상 '학교폭력'에 해당한다고 보기는 어렵다.

2) 이 사건 조치원인 중 ②항 부분에 관련하여, 역시 피해학생의 진술에 의하면, 원고가 피해학생에게 '그거 내 돈이 아니냐'라고 말하여 피해학생으로 하여금 도둑으로 오인받게 하는 발언을 하였다는 것인 반면, 원고 측 목격자 학생(갑 제6호증의 8)의 진술에 의하면, 빵만들기 체험에서 원고가 그와 같은 발언을 하기는 하였으나, 원고가 아닌 다른 학생이 먼저 장난을 치며 말했다는 것으로, 발언 경위와 관련된 양측의 진술이 역시 서로 다르다.

살피건대, 이 사건 조치원인 ②항 부분 발언 주체는 원고인 것으로 보이기는 하나, 이 역시 발언 주체가 초등학교 6학년의 학생이고, 발언 내용 자체는 질문에 그치는 것으로 특별히 지속성이 있어 보이지도 않는 점 등에 비추어 볼 때, 위 발언 내용만으로 피해학생에 대한 정신상 피해를 수반하는 행위로서 학교폭력예방법상 '학교폭력'에 해당한다고 보기는 어렵다.

3) 이 사건 조치원인 중 ③항 부분에 관련하여, 피해학생이 구체적으로 어떤 내용으로 원고로부터 '지속적인 언어폭력' 피해를 당하였다는 것인지 밝혀져 있지 않고, 기록에 현출된 나머지 증거들을 살펴보아도 학교폭력예방법상 '학교폭력'에 해당할 수 있는 발언을 특정하기도 어렵다.

判 例

춘천지방법원 강릉지원 2021. 10. 14. 선고 2021구합***** 판결

나. 판단

1) 갑 제1호증, 을 제2, 3호증의 각 기재에 변론 전체의 취지를 종합하면 ① 원고는 2020. 11. 16. '2019년 1학기 때 D중학교 3-2 교실에서 피해학생에게 학급리그전에 계속 불참한다고 면박을 주었다. 2019년 2학기 때 D중학교 신발장에서 피해학생이 조퇴를 하는 것을 목격해서 또 조퇴를 하느냐고 말했다.'는 내용의 학생확인서를 작성한 사실, ② 원고는 피해학생에게 상처를 준 것에 대해 사과하는 내용의 사과문을 작성한 사실은 각 인정된다.

2) 그러나 앞서 든 증거들 및 변론 전체의 취지에 의하여 인정되는 다음과 같은 사정들을 종합하면, 이 사건 행위가 구 학교폭력예방법 제2조 제1호에 규정된 학교폭력에 해당한다고 보기는 어렵다. 따라서 원고의 나머지 주장에 대하여 살펴볼 필요 없이 이 사건 처분은 처분사유가 존재하지 않아 위법하다.

가) 학생들이 학교생활을 하는 과정에서 발생하는 모든 갈등이나 다툼을 학교폭력예방법으로 해결하는 것은 바람직하지 않다. 학생들이 학교생활을 하는

과정에서 크고 작은 갈등이나 다툼이 생기는 것은 자연스럽고, 그 갈등이나 다툼을 모두 나쁜 것이라고 단정할 수도 없기 때문이다. 구 학교폭력예방법이 제 2조 제1호에서 '학교폭력'의 개념을 규정하고 있고, 제3조에서 '이 법을 해석·적용함에 있어서 국민의 권리가 부당하게 침해되지 아니하도록 주의하여야 한다.'고 규정하고 있는 취지도 '학교폭력' 개념을 확대해석하여 지나치게 많은 학교폭력 가해자를 만들어냄으로써 발생할 수 있는 문제를 막는 데 그 취지가 있다고 봄이 상당하다. 또한 학교폭력으로 구 학교폭력예방법 제17조 제1항 각 호에 규정된 조치를 받은 경우 이는 학교생활기록부에 기재되는 등으로 그 학생에게 불이익이 된다. 이와 같은 사정들을 고려하면, 학생들이 학교생활을 하는 과정에서 일어난 어떤 행위가 구 학교폭력예방법 제2조 제1호의 '학교폭력'에 해당하는지는 그 발생 경위와 행위의 정도 등을 살펴서 신중하게 판단해야 한다.

나) 을 제2호증의 기재에 의하면 원고는 피해학생이 학급리그전에 불참한 것에 대해 이야기한 이유에 대하여 '당시 내가 체육부장으로 리그전 관리를 하고 있었기에 다른 반 학생들이 인원수가 안맞는다고 항의를 계속해서였다'는 취지로 학생확인서를 작성한 사실이 인정되는바, 원고가 피해학생에게 한 발언이 피해학생을 가해하려는 의도였다기보다 학급리그전 참여를 독려하려는 의도도 포함되어 있었다고 보인다. 또한, 원고가 피해학생이 아프다고 조퇴하는 상황에서 "니는 무슨 맨날 아프냐"라고 말한 행위만으로 이를 구 학교폭력예방법 제2조 제1호에 규정된 학교폭력 중 모욕에 해당된다고 보기 어렵다.

다) 무엇보다 구 학교폭력예방법에서 정한 가해학생에 대한 조치는 어디까지나 피해학생의 보호와 가해학생의 선도·교육을 위하여 이루어지는 것이다. 구 학교폭력예방법은 '학교폭력'의 정의를 매우 광범위하고 포괄적으로 규정하고 있는 한편, 경미한 학교폭력의 경우에도 가해학생에 대한 조치를 의무화하고 일정한 경우 학교생활기록부에도 기재하도록 하고 있어, 가해학생에 대한 조치의 결정이 그 학생의 장래에 미치는 영향이 매우 크다. 나아가 학교라는 공

동체의 특수성을 고려할 때 아직 인격적으로 미성숙한 학생에 대하여 행위의 법적 책임을 엄격하게 추궁하는 것은 가혹한 면이 있다. 따라서 학교폭력 가해학생에 대한 조치는 학교폭력의 내용과 성질, 조치를 통하여 달성하고자 하는 목적, 관련 법령에 따른 조치의 기준 등 여러 요소를 살펴 피해학생의 보호와 가해학생의 선도·교육이라는 목적에 부합하는 방향으로 신중히 결정하여야 한다. 이러한 점에 비추어 볼 때 원고가 피해학생에게 사과하는 내용의 사과문을 작성하고 이 사과문이 피해학생에게 전달된 상황에서 이 사건 행위를 학교폭력으로 간주하여 이 사건 처분을 한 것이 가해학생의 선도·교육이라는 구 학교폭력예방법의 취지에 부합한다고 보기도 어렵다.

라) 결국 이 사건 행위의 발생 경위 및 행위 후 원고의 태도, 구 학교폭력예방법의 취지 등 제반 사정에 비추어 볼 때 이 사건 행위를 구 학교폭력예방법에서 말하는 '학교폭력'(학교 내외에서 학생을 대상으로 발생한 상해, 폭행, 감금, 협박, 약취·유인, 명예훼손·모욕, 공갈, 강요·강제적인 심부름 및 성폭력, 따돌림, 사이버 따돌림, 정보통신망을 이용한 음란·폭력 정보 등에 의하여 신체·정신 또는 재산상의 피해를 수반하는 행위) 특히 '모욕'에 해당한다고 단정할 수 없다.

또한, 특이사례로 절도용의자를 찾겠다는 명목으로 가방검사를 한 사례에서, 이러한 가방검사가 모욕, 명예훼손 또는 이에 준하는 행위로 보아 학교폭력을 인정한 사례가 있다.

判例

대전고등법원 2022. 4. 7. 선고 2021누***** 판결

가) 원고는 H, I 등 다른 학생들로부터 앞서 본 일련의 물품 분실사건과 사물함에 죽은 잠자리가 놓여 있던 사건의 범인으로 의심받고 있었다.

나) 원고가 위와 같이 범인으로 의심받고 있는 상황에서 2019. 10. 17. 같은 교실 내 학생들은 범인을 찾기 위하여 가방검사를 실시하였다. 당시 원고를 제외한 나머지 학생들은 인접한 자리의 학생에게 자신의 가방을 스스로 열어 보여주거나, 물건을 분실한 J에게 자신의 가방을 열어 보여주는 방식으로 가방검사를 하였고, 가방 내부에 손을 넣거나 물건을 수색하는 행위는 없었으며, 검사시간도 비교적 짧았다.

다) H은 원고와 인접한 자리에 있지 않았음에도 가방검사가 시작된 직후 원고에게 다가와 가방을 열어볼 것을 요구하였고, 원고가 가방을 열어 보여주었음에도 원고의 가방 내부에 손을 집어넣어 가방 내부에 위치한 물건들을 가방 밖으로 꺼내었다.

라) 가방검사를 목격한 학생들은 H이 원고의 가방을 검사하는 태도에 대하여 ˝ 유독 손을 넣어보거나 좀 오래 확인했던 것 같다.˝, ˝원고가 범인인 듯 원고 앞으로 가서 가방검사를 한 것이 강압적인 듯 했고, 원고는 수치스러웠을 것 같다.˝, ˝명령조로 '제대로 좀 봐봐' 하면서 가방을 검사하는 것 같았다.˝라고 진술하였다.

마) 원고는 가방검사로 모욕감과 수치심을 느꼈다는 취지로 진술하였고, 부모님에게 자신이 분실물을 절취한 사람이 아니라고 소리쳤으며, 가방검사에 따른 정신적 스트레스로 과호흡 증상을 보이기도 하였다.

3) 이러한 사정에 비추어 보면, H이 원고에 대하여만 별도로 가방검사를 요구하고 가방을 열도록 한 행위에는 원고를 절도 용의자로 지목함과 동시에 절도의 증거를 찾기 위하여 원고의 가방을 수색한다는 의미가 내재되어 있다. 또한 교실 내에 있었던 학생들 역시 원고가 종래 물품 분실 사건에서 범인으로 지목받아 왔던 사정과 H이 가방검사를 전후하여 보인 일련의 행동을 통해 원고의

가방검사행위가 원고를 용의자로 지목하고 증거물을 수색하는 행위에 해당한다는 내재적 의미를 충분히 인식할 수 있었다고 봄이 타당하다. 따라서 H의 행위는 원고에 대한 사회적 평가를 저하시키는 추상적인 판단을 표현한 것으로서 모욕 또는 이에 준하는 행위에 해당한다.

4) 가방은 물건을 편리하게 운반하거나 물건이 파손되거나 훼손되지 않도록 보호하는 기능이 있지만, 동시에 가방 내부에 위치한 소지품의 모양이나 종류 및 수량 등 그 구체적인 상태가 외부에 공개되지 않도록 하는 기능도 있다. 후자의 기능으로, 가방은 가방 내부를 향한 외부 관찰자의 시각과 미각 및 촉각적인 감각인지를 대부분 차단하고 청각과 후각적인 감각인지도 상당 부분 차단한다. 이로 인하여 가방 소지자는 외부적 관찰자의 존재에 구애받지 아니하고 공간 내부를 자신의 자유로운 의사에 따라 은밀하게 이용할 수 있다. 가방 소지자는 가방 내부의 공간에 대하여 일반적인 행동자유권, 특히 사생활의 자유를 온전히 향유할 수 있고, 가방 내부를 살펴보는 것은 개인의 사생활 영역을 관찰하는 행위를 의미하므로, 오로지 가방 소지자 또는 가방 소지자의 동의를 얻은 사람, 또는 법령이 정하는 경우에 한하여 가능할 뿐이다. 그리하여 가방 소지자가 그 의사에 반하여 가방 내부를 검사받는 것은 그 자체만으로 명예훼손 내지 모욕에 해당할 수 있고, 나아가 가방 내부가 노출되는 경우에는 가방 내부에 어떠한 물건이 존재하는지 여부와 관계없이 사생활의 내용을 공개당하는 결과가 되므로, 마찬가지로 명예훼손 또는 모욕에 해당할 수 있다. 이 사건에서 H은 원고가 가방을 열어 내부를 보여주었음에도, 원고로부터 동의를 받지 아니한 채 직접 가방 내부를 수색하였으며, 가방 내부에 위치한 원고의 옷과 휴대전화 등 소지품을 자신의 손으로 꺼내어 외부에 노출시켰다. 위와 같이 원고로부터 동의를 받지 않고 공연하게 원고의 가방을 수색한 행위는 그 자체로도 원고의 사회적 평가를 저하시키는 추상적인 판단을 표현한 것으로서 모욕 또는 이에 준하는 행위에 해당하고, 수색을 통하여 가방 내부에 위치한 소지품을 노출시킨 행위는 사생활의 내용을 공개한 것으로서 마찬가지로 명예훼손 내지 모욕

또는 이에 준하는 행위에 해당한다.

5) 따라서 H이 원고의 가방을 검사한 행위는 학교폭력에 해당한다.

4-5. 명예훼손

학교폭력예방법은 "명예훼손"의 경우에도 학교폭력에 해당하는 행위임을 명시하고 있는데, 학생들 간 교류 과정에서 대화상황에 따라 다양한 양상이 발생할 수 있으므로, 학교폭력의 의미로서의 명예훼손의 범위는 신중히 해석할 필요가 있으며, 명예훼손의 개념과 관련하여 명예훼손행위임을 인정한 아래 판결사례를 참고할 필요가 있다.

判例

청주지방법원 2021. 9. 16. 선고 2021구합*** 판결**

구 학교폭력예방법 제2조 제1호에서는 학교폭력을 '학교 내외에서 학생을 대상으로 발생한 상해, 폭행, 감금, 협박, 약취·유인, 명예훼손·모욕, 공갈, 강요·강제적인 심부름 및 성폭력, 따돌림, 사이버 따돌림, 정보통신망을 이용한 음란·폭력 정보 등에 의하여 신체·정신 또는 재산상의 피해를 수반하는 행위'로 정의하고 있다.

또한 명예훼손죄의 구성요건인 공연성은 불특정 또는 다수인이 인식할 수 있는 상태를 말한다. 반드시 불특정 또는 다수인이 동시에 인식할 수 있어야만 하는 것은 아니므로 비록 개별적으로 한 사람에 대하여 사실을 유포하였다고 하더라도 그로부터 불특정 또는 다수인에게 전파될 가능성이 있다면 공연성의 요건을 충족한다. 전파가능성이 있는지 여부는 발언을 하게 된 경위와 발언 당시의 상황, 행위자의 의도와 발언 당시의 태도, 발언을 들은 상대방의 태도, 행위자·피해자·상대방 상호 간의 관계, 발언의 내용, 상대방의 평소 성향 등 여러 가지 사정을 종합하여 구체적인 사안에서 객관적으로 판단하여야 한다(대법원 2020. 1. 30. 선고 2016도21547 판결 등 참조). 전파가능성을 이유로 명예훼손죄의 공연성을 인정하는 경우에도 범죄구성요건의 주관적 요소로서 공연성에 대한 미필적 고의가 필요하므로 전파가능성에 대한 인식이 있음은 물론 나아가 그 위험을 용인하는 내심의 의사가 있어야 한다. 그 행위자가 전파가능성을 용인하고 있었는지 여부는 외부에 나타난 행위의 형태와 상황 등 구체적인 사정을 기초로 일반인이라면 그 전파가능성을 어떻게 평가할 것인가를 고려하면서 행위자의 입장에서 그 심리상태를 추인하여야 한다(대법원 2004. 4. 9. 선고 2004도340 판결, 대법원 2018. 6. 15. 선고 2018도4200 판결 등 참조).

앞서 든 증거들, 갑 제3, 4호증의 각 기재에 변론 전체의 취지를 더하여 인정되는 다음과 같은 사실 또는 사정들을 고려해 보면, ② 행위는 구 학교폭력예방법에 따른 학교폭력 중 명예훼손에 해당한다고 봄이 타당하다. 따라서 원고의 이 부분 주장도 이유 없다.

(가) F이 원고에게 보낸 이 사건 카카오톡 내용은 "야 A 무슨ㅋㅋㅋ도서부는 인맥빨이냐", "따발총으로 J K 다 들어가네 그럼 나도 좀 넣어주면 안돼?", "씨발ㅋㅋㅋㅋㅋㅋ존나 웃기는 것들이네", "J 개 싸가지 없어" 등이므로 이 사건 카카오톡 내용을 통해 F이 도서부를 비난하고 다른 사람 욕을 하고 다니는 사람으로 보이도록 그의 사회적인 평가를 저하시킬 만한 구체적인 사실을 적시한 것으로 볼 수 있다.

(나) H는 원고로부터 이 사건 카카오톡 내용을 전달받고 난 후 '야 이거 저기다

보여주셈 4 단톡', '보여줘도 됑? 걍 보여주잡ㅋㅋ'이라고 말하였고, 실제로 H 는 이 사건 카카오톡 내용을 도서부 부원들이 참여하고 있는 카카오톡 단체채팅방에 올렸다. 또한 이 사건 카카오톡 내용은 F이 도서부 및 타인을 비난하는 내용으로 전적으로 사적인 내용으로 보기도 어렵고, 원고, H 및 F은 같은 학교에 재학 중인 학생들로 서로 아는 사이이며 H는 F에 대하여 그다지 좋지 않은 감정을 가지고 있었던 것으로 보인다. 이러한 사정들을 고려해 보면, 전파가능성을 충분히 인정할 수 있고, 원고는 그러한 전파가능성을 인식한 후 그 위험을 용인하는 내심의 의사를 가지고 이 사건 카카오톡 내용을 H에게 전달하였다고 봄이 타당하다.

반면, 아래 판결은 피해학생 측이 명예훼손을 이유로 고소를 한 사실에 대해 검사가 불기소처분을 하였음에도 명예훼손으로 학교폭력을 인정한 사안에 대해 법원에서 명예훼손이 아님을 이유로 해당 처분을 취소한 사례이다.

判例

부산지방법원 2021. 9. 9. 선고 2020구합*** 판결**

3) 징계사유의 존부

가) 살피건대, 앞서 든 증거와 갑 제4 내지 9, 29 내지 31호증, 을 제3, 4호증의 각 기재에 변론 전체의 취지를 더하여 알 수 있는 아래와 같은 사실 내지 사정을 종합하면, 원고가 원고의 피해신고 내용을 G이나 F에게 알림으로써 학교폭력예방법 제2조 제1에서 정한 명예훼손에 해당하는 학교폭력을 가하였다는 징계사유가 존재한다고 볼 수 없다.

① C는 2019. 10. 31. 원고를 ㉮ 자신에게 여러 차례 뽀뽀하려고 하였다는 아동청소년의성보호에관한법률위반(강제추행) 혐의, ㉯ SNS를 통해 G, F 등에게 원고의 피해신고 내용에 해당하는 허위사실을 전달하였다는 정보통신망이용촉진및정보보호등에관한법률위반(명예훼손) 혐의(이 사건 처분의 징계사유에 해당한다) 및 ㉰ 이 사건 자치위원회에 제출한 경위서에 자신의 초등학교 시절에 관한 허위사실을 기재하였다는 명예훼손 혐의로 고소하였다.

② 부산지방검찰청 서부지청 검사는 2020. 4. 13. 원고의 ㉮ 내지 ㉰ 피의사실에 대하여 모두 혐의없음의 불기소처분을 하였다(부산지방검찰청 서부지청 2019년 형 제29031호). 특히 ㉯ 부분 피의사실에 대하여 · 원고와 G, F, H의 진술에 의하면 원고가 F과 H에게 원고의 피해신고 내용을 구두로 상담한 사실이 있으나 카카오톡 메신저 등 SNS 메시지로 보낸 적은 없다고 진술하고, 그러한 메시지를 캡처한 화면 등의 자료가 존재하지 않는 점, · 원고가 SNS로 해당 내용을 이야기하였다거나 해당 SNS 메시지를 캡처한 화면이 있다는 취지의 C 진술은 추측에 불과한 점, · 원고가 F 및 G과 원고의 피해신고와 관련하여 SNS로 대화를 나누기는 하였으나, C와 관련된 일련의 사건으로 생활안전부장 교사에게서 지도를 받자 강압적인 지도를 받은 데 대하여 하소연하는 내용만 확인될 뿐 원고의 피해신고 내용을 직접 언급한 부분은 확인되지 않는 점, · C에게서 성추행을 당하였다는 원고의 피해신고 내용이 허위사실이라고 단정할 수도 없는 점 등을 근거로 하였다.

③ C가 불기소처분에 대하여 항고하였고 부산고등검찰청은 2020. 6. 23. ㉯ 부분 피의사실에 대하여는 재기수사명령을, 나머지 부분에 대하여는 항고 기각 결정을 하였다(부산고등검찰청 2020고불항 제1315호). 그 후 부산지방법원 서부지청 검사는 ㉯ 부분 피의사실을 재수사한 후 2020. 10. 30. 재차 혐의없음의 불기소처분을 하였다(부산지방검찰청 서부지청 2020년 형제16869호).

④ 한편 원고가 G 등에게 SNS를 통하여 원고의 피해신고 내용을 전파하였다

고 볼 수 없다고 하더라도, 원고가 2019. 7. 12.경 같은 반 친구인 F, 같은 학원 친구인 H에게 C에게서 성추행을 당하였다는 취지로 원고의 피해신고 내용을 말한 사실이 있고, G은 비록 원고에게서 직접 들은 것은 아니나 F에게서 원고의 피해신고 내용을 전해 들은 사실이 있다.

그러나 G이 원고의 피해신고 내용을 2학년 3반 담임교사에게 전달함으로써 원고는 2019. 7. 17.경 담임교사와 상담한 후 공식적으로 원고의 피해신고를 하였고, 담임교사에게 F에게 이야기를 한 사실과 현재 5명 정도가 알고 있음을 밝혔는데, 이러한 경위를 고려하면 원고로서는 최소한의 범위에서 고민 상담을 한 것으로 보이고, 나아가 H의 경우 원고보다 C와 더 친밀한 관계였던 점, 원고의 피해신고 내용이 원고와 C 둘 사이의 일이자 자칫하면 둘 모두에게 피해가 발생할 수 있는 민감한 사안이라는 점 등에 비추어 보면, 비록 원고가 일부 친구들에게 원고의 피해신고 내용을 구두로 이야기한 사실이 있더라도, 그러한 내용이 제3자에게 전파될 것을 인식하였다거나 명예훼손의 고의가 있었다고 단정하기는 어렵다.

⑤ 이 사건 자치위원회 회의록, 2학년 3반 학생들의 진술서 및 부산지방검찰청 서부지청 2020년 형제16869호 불기소처분서에 의하면, F에게서 원고의 피해신고에 해당하는 내용을 전해 들은 I이 2019. 7. 18. 2학년 3반 도덕 수업시간 중 도덕 교사에게 관련 내용을 질문하는 바람에 원고의 피해신고 내용 및 당사자를 알지 못한 반 전체 학생들이 이를 알게 되었고, 이 일이 계기가 되어 학교 등에 널리 전파되었다.

나) 따라서 이 사건 처분의 징계사유가 존재하지 않으므로, 이 사건 처분은 위법하다(이 사건 처분에 징계사유가 존재하지 않는다는 원고의 주장을 받아들이는 이상 나머지 실체적 위법에 관한 주장에 관하여는 판단하지 않는다).

4-6. 성폭력

학교폭력예방법상 "성폭력" 또한 당연히 학교폭력에 해당하는 행위임을 명시하고 있으며, 성폭력의 경우 학교에서 이를 인지하는 경우 즉시 경찰에 신고를 할 의무가 발생하므로(아청법 제34조 제2항, 성폭력보호법 제9조 등), 학폭위 절차 뿐 아니라 형사절차도 같이 진행되는 점을 유의하여야 한다.

아래 판결들은 학교폭력예방법상 성폭력은 형사상 성폭력에 해당하는 정도가 아니더라도 학교폭력에 해당한다는 판결을 하면서도, 해당 개별 사안의 판단에 대하여는 성폭력에 해당하지 않는 것으로 보았다.

判 例

서울행정법원 2022. 8. 19. 선고 2021구합***** 판결

학교폭력예방법상 '성폭력'이란 형사상 처벌의 대상이 되는 성폭력에 이를 정도는 아니더라도, 피해학생의 성적 자기결정권을 침해하여 피해학생의 신체 및 정신상 피해를 수반하는 행위로 평가되는 경우를 뜻한다. 가해학생이 피해학생과 성관계 등 성적인 접촉을 한 경우, 그러한 성적인 접촉이 피해학생의 의사에 반하는 것으로서 피해학생의 성적 자기결정권을 침해하는 것이거나, 피해학생의 동의가 있었다고 하더라도 피해학생의 연령, 정신적 성숙 정도 등에 비추어 가해학생과의 관계에서 성적 자기결정권을 제대로 행사하기 어렵다고 판단되는 경우가 이에 해당한다. 피해학생의 의사에 반하거나 성적 자기결정권이 침해되었는지, 피해학생이 성적 자기결정권을 제대로 행사할 수 있었는

지는 가해학생과 피해학생의 관계, 성적인 접촉이 있게 된 경위 및 성적인 접촉 전후의 정황 등 제반사정을 종합적으로 고려하여 판단하여야 한다.

2) 앞서 본 사실 및 증거들에 갑 4 내지 15, 17 내지 19호증, 을 5, 6, 7, 10, 11호증의 각 기재와 변론 전체의 취지를 보태어 인정할 수 있는 다음과 같은 사정들을 종합하면, 원고와 피해학생 사이의 성관계 등이 피해학생의 의사에 반하는 등 피해학생의 성적 자기결정권을 침해한 것이라고 단정하기 어려우므로, 이를 두고 학교폭력예방법이 정한 성폭력에 해당한다고 할 수는 없다. 이를 지적하는 원고의 이 부분 주장은 이유 있다.

가) 원고와 피해학생은 동급생으로 서로 교제하는 사이에 있었고, 둘 다 정신적·육체적 성숙도는 미숙하였다. 나아가 성관계 등을 할 무렵 원고가 피해학생을 우월적으로 지배하는 관계에 있었다고 단정하기는 어렵다.

나) 피해학생의 경찰진술 내용을 살펴보면, 피해학생은 원고와 성관계를 할 무렵 성관계의 의미를 이해하고 있었고 자신의 의사에 따라 원고와의 성적인 접촉을 할지 여부를 결정할 수 있었던 것으로 보인다. 또한 원고와 피해학생 간 성적인 접촉 전후 주고받은 다수의 편지, 메신저 메시지 등의 기재내용을 살펴보더라도 원고와 피해학생 사이의 성관계 등이 피해학생의 의사에 반하였다고 단정하기 어렵고 일부 성관계 등이 외부공간에서 이루어졌다는 사정만으로 이와 달리 볼 수 없다.

다) 원고가 피해학생과 성관계 등을 할 무렵 상호 다소간의 말다툼이 있었던 적은 있으나, 원고가 피해학생에게 성적인 동영상 등을 유포하겠다는 취지의 협박이나 욕설을 하였던 것으로 보이진 않고, 다른 시점에 있었던 원고의 협박 및 욕설로 인하여 생긴 공포심이 성관계 등 무렵에도 존재하였거나 지속되고 있었다고 볼 만한 증거도 찾기 어렵다.

라) 경찰조사에서 피해학생은 원고와 성관계 등을 한 사실을 진술하였음에도 이후 있었던 원고에 대한 소년보호사건에 있어 이 부분은 비행사실에서 제외된바, 이 부분 비행혐의가 소명되지 않았던 것으로 볼 수 있다.

대구지방법원 2022. 3. 24. 선고 2021구합***** 판결

원고가 이 사건 행위를 하였다는 사실에 관하여는 다툼이 없다. 그러나 앞서 든 증거, 갑 제5호증의 기재에 변론 전체의 취지를 종합하여 인정되는 다음과 같은 사정들에 비추어 보면, 이 사건 행위가 학교폭력예방법 제2조 제1호가 정한 학교폭력에 해당한다고 인정하기에 부족하고, 달리 이를 인정할 증거가 없다.

1) 원고는 심의위원회에 참석하여 피해학생이 먼저 원고의 엉덩이를 툭툭 치고 가는 행위를 하였고 이에 대항하는 과정에서 이 사건 행위를 하게 된 것이고, 당시는 원고가 피해학생과 친해지려고 노력하였을 때라고 진술하였다(을 제3호증 이 사건 회의록 8쪽).

2) 피해학생은 심의위원회에 참석하여 이 사건 행위가 있은 이후 같은 해 5월까지도 원고와 친한 사이를 유지하였다고 진술하였다(을 제3호증 이 사건 회의록 11, 12쪽). 또한 2021. 6. 3.에도 원고와 친하다고 생각하여 원고의 성기를 만지는 장난을 친 것으로, 원고가 이를 학교폭력으로 신고한 것에 속상하고 억울하다고 진술하였다(을 제3호증 19쪽). 피해학생은 진술서에 이 사건 행위 당시에 관하여 서로 장난이라 생각하고 신체를 만졌다는 취지로 기재하였다(을 제1호증 피해학생진술서).

3) 원고는 피해학생이 2021. 6. 3. 원고의 성기 부분을 손으로 만지는 추행을 하자 이를 학교폭력으로 신고하였고, 이후 피해학생도 이 사건 행위를 신고하게 된 것으로 보인다.

인천지방법원 2021. 8. 19. 선고 2020구합***** 판결

다. 인정사실

1) 원고와 피해학생은 2020. 2. 23. 페이스북 메신저를 통하여 서로 사귀기로 하였고, 같은 해 2. 28.에 첫 데이트를 하기로 정하였다. 원고와 피해학생은 같은 해 2. 23.부터 2. 25.경까지 페이스북 메신저를 통하여 여러 차례에 걸쳐 성행위나 성적 접촉을 묘사하는 대화를 주고받았고, 같은 해 2. 28. 만나면 공원 화장실 등에서 스킨십 또는 성행위를 하기로 합의하였다.

2) 피해학생의 모친이 2020. 2. 27.경 원고와 피해학생 사이의 페이스북 메신저 대화 내용을 알게 되었고 위 메신저를 통해 원고를 나무랐으나, 피해학생이 원고와 건전하게 사귀겠다고 약속하여 원고와의 만남을 허락했다.

3) 원고와 피해학생은 2020. 2. 28. 만나 인근 놀이터 화장실에서 성행위(이하 '1차 성행위'라 한다)를 하였다. 이후 피해학생은 원고에게 커플사진 등을 촬영하기 위해 다시 만날 것을 제안하였고, 원고는 이에 응하여 2020. 3. 1. 피해학생을 만나 인근 야외 공연장 화장실에서 성행위(이하 '2차 성행위'라 하고, 위 1차 성행위와 2차 성행위를 통틀어 '이 사건 각 성행위'라 한다)를 하였다.

4) 원고는 2020. 3. 2. 이후부터 피해학생의 데이트 요청을 회피하였고, 2020. 3. 9.부터 피해학생의 페이스북 메신저 메시지나 전화 연락을 받지 않았다. 피해학생은 2020. 3. 10. E중학교 학생안전자치부장에게 같은 해 2. 28. 원고로부터 성폭행을 당하였다는 취지로 신고를 하였다.

5) 원고는 I생, 피해학생은 J생으로, 1차, 2차 성행위가 있었던 2020. 2. 28. 및 같은 해 3. 1. 당시 모두 만 13세 이상이었다.

(중략)

라. 처분사유 존재 여부에 관한 판단

1) 관련 규정

가) 학교폭력예방법 제1조는 그 입법목적에 관하여 '학교폭력의 예방과 대책에 필요한 사항을 규정함으로써 피해학생의 보호, 가해학생의 선도·교육 및 피해학생과 가해학생 간의 분쟁조정을 통하여 학생의 인권을 보호하고 학생을 건전한 사회구성원으로 육성함'으로 규정하고, 제2조는, '학교폭력'에 관하여 '학교 내외에서 학생을 대상으로 발생한 상해, 폭행, 감금, 협박, 약취·유인, 명예훼손·모욕, 공갈, 강요·강제적인 심부름 및 성폭력, 따돌림, 사이버 따돌림, 정보통신망을 이용한 음란·폭력 정보 등에 의하여 신체·정신 또는 재산상의 피해를 수반하는 행위'(제1호)로, '학교'에 관하여는 '초·중등교육법 제2조에 따른 초등학교·중학교·고등학교·특수학교 및 각종학교와 같은 법 제61조에 따라 운영하는 학교'(제2호)로, '피해학생'에 관하여 '학교폭력으로 인하여 피해를 입은 학생'(제4호)으로 정의하고 있는데, 위 법은 학교폭력 중 '성폭력'에 관하여는 따로 정의 규정을 두고 있지 아니하다.

나) 성폭력범죄의 처벌 등에 관한 특례법(이하 '성폭력처벌법'이라 한다) 제2조 제1항은 각 호에서 '성폭력범죄'에 관하여 규정하고 있는데, 위 조항에 의하면 전형적인 성폭력범죄인 강간(형법 제297조), 강제추행(형법 제298조) 이외에도, 형법 제305조가 정한 '미성년자에 대한 간음, 추행죄'도 성폭력범죄의 하나로 정하고(성폭력처벌법 제2조 제1항 제3호), 형법 제305조(미성년자에 대한 간음, 추행)는 '13세 미만의 사람에 대하여 간음 또는 추행을 한 자는 제297조, 제297조의2, 제298조, 제301조 또는 제301조의2의 예에 의한다'라고 규정하고 있다. 그리고 성폭력방지 및 피해자보호 등에 관한 법률(이하 '성폭력방지법'이라 한다) 제1조는 '성폭력을 예방하고 성폭력피해자를 보호·지원함으로써 인권증진에 이바지함'을 그 입법목적으로 정하고 있고, 제2조 제1호는 '성폭력'이란 '성폭력처벌법 제2조 제1항이 정한 성폭력범죄에 해당

하는 행위'라고 정의하고 있다.

다) 구 초·중등교육법(2021. 3. 23. 법률 제17954호로 개정되기 전의 것, 이하 같다) 제18조 제1항 본문은 '학교의 장은 교육상 필요한 경우에는 법령과 학칙으로 정하는 바에 따라 학생을 징계하거나 그 밖의 방법으로 지도할 수 있다'고 규정하고 있다. 그런데 학교폭력예방법 제13조 제1항에 의하면, 심의위원회는 10명 이상 50명 이내의 위원으로 구성하되, 전체위원의 3분의 1 이상을 해당 교육지원청 관할 구역 내 학교(고등학교를 포함한다)에 소속된 학생의 학부모로 위촉하여야 하고, 제17조에 의하면, 이러한 심의위원회는 피해학생의 보호와 가해학생의 선도·교육을 위하여 가해학생에 대하여 '피해 학생에 대한 서면사과'(제1항 제1호)로부터 '퇴학처분'(제1항 제9호)에 이르기까지 단계적으로 규정된 조치를 교육장에게 요청하여야 하고(제1항), 교육장은 심의위원회로부터 제1항에 따른 요청이 있는 때에는 14일 이내에 해당 조치를 하여야 한다(제6항).

라) 또한 학교폭력예방법 제3조는 "이 법을 해석·적용함에 있어서 국민의 권리가 부당하게 침해되지 아니하도록 주의하여야 한다."고 규정하고 있다.

2) 구 학교폭력예방법이 정한 '성폭력'의 해석 및 적용

가) 앞서 본 구 학교폭력예방법의 입법 목적, 가해학생에 대한 조치의 제도적 특성과 앞서 본 관련 규정의 문언·취지 등에 더하여, ① 학교폭력예방법상 가해학생에 대한 조치는 형사처벌과는 그 목적과 성격을 달리하고, 위 법 제2조 제1호가 학교폭력의 행위 태양으로 규정하고 있는 행위 중에는 형사상 범죄에 해당한다고 보기 어려운 '따돌림, 사이버 따돌림' 등도 포함되어 있으므로, 학교폭력에 해당하는 '성폭력'이 형벌규정이 정한 구성요건에 해당하는 행위로 국한된다고 보기는 어려우나, 성폭력범죄처벌법과 성폭력방지법의 입법 목적 등에 비추어 위 각 법률에서 정한 성폭력범죄, 성폭력의 개념은 구 학교폭력예방법의 해석에서도 고려될 수 있다고 보이는 점, ② 구 학교폭력예방법상 '성폭력'은 학교폭력의 하나의 유형인데, 위 법은 '학교폭력'을 '학교 내 외에서 학생

을 대상으로 발생한 … 신체·정신 또는 재산상의 피해를 수반하는 행위'라고 정의하고 있으므로, '성폭력'도 어디까지나 피해학생에게 일정한 피해를 수반하는 행위로 보아야 하는 점, ③ 성폭력, 성범죄에 있어서 주된 보호법익은 피해자의 성적 자기결정권이므로, 구 학교폭력예방법에서 정한 성폭력에 관하여도 피해자의 성적 자기결정권이 주된 고려요소가 될 수밖에 없다.

나) 또한 구 학교폭력예방법이 예정한 '학교'는 초등학교부터 고등학교까지를 포함하고 있고, 초·중등교육법에 따른 입학연령과 일반적인 각급 학교의 교육연수 등을 고려하면, 위 법이 예정한 피해학생의 연령이 적게는 6세부터 많게는 19세 또는 그 이상에 이르기까지 매우 광범위한 연령대가 포섭될 수밖에 없는 점, 피해학생의 연령대에 포섭되는 6세부터 19세까지의 시기는 인간이 정신적·육체적으로 성장하는 시기이므로, 위 법이 예정한 '피해학생'의 범위에 포함된다 하더라도, 개별 학생의 연령, 성장환경 등에 따라 정신적·육체적 성숙도에서 큰 차이가 있을 수밖에 없고, 그에 따라 성적 자기결정권을 제대로 행사할 수 있는지 여부도 달라질 수밖에 없는 점 등을 종합하면, 가해학생이 피해학생과 성관계를 갖거나 성적인 접촉을 한 경우, 이러한 행위가 구 학교폭력예방법이 정한 '성폭력'에 해당하기 위하여는, 원칙적으로 그러한 성관계 등 성적인 접촉이 피해학생의 의사에 반하는 것으로서 피해학생의 성적 자기결정권을 침해하는 것이어야 한다고 봄이 타당하다. 또한 위와 같이 피해학생의 의사에 반하거나 성적인 자기결정권이 침해되었는지 여부는 가해학생과 피해학생의 관계, 성적인 접촉이 있게 된 경위 및 성적인 접촉 전후의 정황 등 제반 사정을 종합적으로 고려하여 판단하여야 하고, 성적인 접촉이 피해학생의 의사에 반하여 이루어졌다거나 피해학생의 성적인 자기결정권이 침해되었다는 사정에 대한 증명책임은 그와 같은 성적인 접촉이 구 학교폭력예방법상 '성폭력'에 해당한다고 주장하는 피고에게 있다고 보아야 한다.

다) 나아가, 초·중등교육법 제25조 제1항은 '학교의 장은 학생의 학업성취도와 인성(人性) 등을 종합적으로 관찰·평가하여 학생지도 및 상급학교(고등교

육법 제2조 각 호에 따른 학교를 포함한다)의 학생 선발에 활용할 수 있는 다음 각 호의 자료를 교육부령으로 정하는 기준에 따라 작성·관리하여야 한다'고 규정하면서 그 중 '그 밖에 교육목적에 필요한 범위에서 교육부령으로 정하는 사항'을 학교생활기록부에 기재할 수 있다고 규정하고 있다. 이러한 위임에 따라 초·중등교육법 시행규칙 제21조 제1항 제6호에서는 '학교폭력예방법 제17조 제1항 제1호부터 제3호까지 및 제7호에 따른 조치사항이 있는 경우 그 내용도 적어야 한다'고 규정하고 있고, 다만 같은 조 제2항에서는 위 조치사항에 관한 내용을 적어야 하는 경우는 구 학교폭력예방법 제17조 제1항 제1호부터 제3호까지에 따른 조치사항을 이행하지 않거나, 위 조치를 받은 후 동일 학교급에 재학하는 동안 다른 학교폭력사건으로 구 학교폭력예방법 제17조 제1항의 조치를 받은 경우에 한정한다고 규정하고 있다. 위와 같은 초·중등교육법령에 의하면, 학교폭력예방법상의 조치는 초·중등교육법 시행규칙 제21조 제2항의 조건하에 학교생활기록부에 기재될 수 있고 학생지도 및 상급학교의 학생 선발의 자료로 사용되는바, 학교폭력의 가해학생에게 있어 위와 같은 구 학교폭력예방법상 조치는 향후 학생에 대한 평가 및 상급학교 진학에 막대한 영향을 미치는 불이익 될 가능성이 있다. 그렇기 때문에 구 학교폭력예방법 제2조 제1호에서 정한 '학교폭력'에 해당하는지 여부는 신중하게 판단하여야 하고, 적어도 학교폭력에 해당하는 사실에 관하여 합리적으로 수긍할 수 있는 정도의 증명이 필요하다고 할 것이며, 이는 학교폭력으로서의 '성폭력' 역시 마찬가지이다.

3) 구체적 판단

가) 위와 같은 규정 및 법리에 비추어 이 사건을 본다. 원고와 피해학생 사이에 1차, 2차 성행위가 있었다는 사실에 대해서는 당사자 간의 다툼이 없다. 그러나 앞서 든 각 증거와 을 제4호증의 기재, 변론 전체의 취지에 의하여 인정되는 다음과 같은 사정을 종합하면, 피고가 제출한 증거만으로는 원고와 피해학생 사이의 이 사건 각 성행위가 피해학생의 의사에 반하는 것으로서 성적 자기결

정권을 침해한 것이라고 단정하기 어렵다.

(1) 피고는 원고가 피해학생의 의사에 반하여 이 사건 각 성행위를 함으로써 피해학생의 성적 자기결정권을 침해하였다고 주장하는바, 이 사건에 관한 학교폭력 조사과정 및 이 사건 위원회 회의 당시 이루어진 피해학생의 진술과 피해학생이 2020. 3. 16. K센터에서 한 진술이 이에 부합하는 증거이다. 피해학생은 당시, 원고가 이 사건 각 성행위 전 피해학생에게 위 성행위 장소인 공중화장실로 자신을 따라오지 않으면 자신과 성적인 내용으로 대화를 한 페이스북 메신저 메시지를 퍼뜨려 버린다고 협박했고, 자신이 이 사건 각 성행위 당시 원고에게 아프다고 싫다고 하였으나 원고는 이를 무시했다는 취지로 진술을 한 바 있다. 그런데 원고는 학교폭력 조사 당시부터 이 사건에 이르기까지 일관되게 피해학생과 합의하에 이 사건 각 성행위를 하였다는 취지로 주장하고 있어, 피해학생의 진술과 원고의 주장이 서로 일치하지 아니한다.

(2) 그런데 원고와 피해학생이 이 사건 각 성행위를 전후로 주고받은 페이스북 메신저 메시지 내용 등 아래와 같은 여러 사정에 비추어 보면, 원고가 피해학생과의 성적 대화 내용이 담긴 페이스북 메신저 대화 내용을 유포하겠다고 협박하거나, 아프다거나 싫다는 피해학생의 말을 무시하는 등으로 피해학생의 성적 자기결정권을 침해한 채 이 사건 각 성행위가 이루어졌다고 단정하기는 어렵다.

① 원고와 피해학생은 2020. 2. 23. 서로 사귀기로 페이스북 메신저로 메시지를 주고받으면서 같은 해 2. 28. 만나기로 약속을 하였다. 피해학생은 당시 원고와 위와 같이 메시지를 주고받던 중 성적 접촉을 한 경험을 묻거나 만나서 서로 성적 접촉을 하자는 내용이 담긴 메시지를 주고받았다. 또한 원고와 피해학생은 다음 날인 2020. 2. 24. 페이스북 메신저 메시지를 주고받으면서도 좋아하는 스킨십이 어떤 것인지에 대한 대화를 나누는가 하면, 만나서 공원 화장실에서 성행위를 하자는 내용과 성행위 방법에 관한 내용이 포함된 대화를 서로 주고받았다.

② 피해학생은 2020. 2. 25. 그 어머니로부터 원고와 주고받은 페이스북 메신

저 메시지 내용으로 인하여 꾸지람을 듣고 난 후 원고에게 '내가 순수하게 잘 사귄다고 했어, 내 몸을 내가 지키래' 등의 메시지를 보냈다. 그러나 원고와 피해학생은 그 후로도 만나서 스킨십 등 성적 접촉을 하자는 내용의 메시지를 주고받기도 하였다.

③ 피해학생은 이 사건 1차 성행위가 있었던 당일 저녁 원고에게 커플링·커플시계샷, 거울샷 등 연인들이 SNS에 게시할 목적으로 촬영하는 것이 일반적인 사진들을 촬영하지 못하였음을 아쉬워하는 메시지를 보내는 한편, 온라인 게임인 '배그(배틀그라운드)'를 오래간만에 깔았다거나, 할 만한 게임이 없다면서 또 다른 온라인 게임인 '루미큐브'나 해야겠다는 등의 메시지를 보냈다. 또한 피해학생은 2020. 2. 29. 오후에도 원고에게 함께 커플링·커플시계샷, 거울샷 등을 촬영하고 싶다면서 집 앞으로 와달라고 하는가 하면, 원고가 사진 촬영하는 것을 좋아하지 않는다고 하자 원고에게 그날 서로 스킨십까지 하였음을 상기시키는 메시지를 보내기도 하였다. 이와 같은 이 사건 1차 성행위 이후 페이스북 메신저를 통한 원고와 피해학생 사이에 이루어진 대화 내용에 비추어 보면, 피해학생이 이 사건 1차 성행위 전후로 원고로부터 성적 대화 내용이 담긴 페이스북 메신저 메시지를 유포하겠다는 협박을 받는 등으로 성적 자기결정권이 침해된 상태에서 성폭력 피해를 당하였다고 단정하기는 어렵다.

④ 피해학생은 위와 같이 이 사건 2차 성행위가 있기 전날인 2020. 2. 29. 페이스북 메신저로 대화를 나누면서 함께 커플링·커플시계샷 사진을 촬영하자고 요구하면서 성적 접촉을 제안하는 내용의 메시지를 주고받기도 하였다. 또한 피해학생은 원고를 만나 이 사건 2차 성행위가 이루어진 이후에도 페이스북 메신저로 원고를 '자갸', '남친 님'이라고 부르는 등의 메시지를 내기도 하고, 원고에게 전화를 걸어 만나 줄 것을 요구하기도 하였다. 그러나 피해학생이 이 사건 1차 성행위 당시 원고로부터 본인의 의사에 반하여 원고로부터 성폭력 피해를 당하였음에도 그 이후로도 위와 같이 원고에게 자신을 만나줄 것을 요청하였다는 것은 쉽게 납득하기 어렵고, 원고가 그와 같은 피해학생의 요청에 응하여

원고를 다시 만난 후에도 이 사건 1차 성행위 당시와 유사한 경위와 과정을 거쳐 또 다시 이 사건 2차 성행위로 이어져 성폭력 피해를 당하게 되었다는 것도 이를 선뜻 믿기 어렵다.

⑤ 비록 원고가 이 사건 2차 성행위 이후 피해학생이 보낸 페이스북 메신저 메시지에 제대로 답하지 아니하거나 전화도 받지 아니하는 등 연락을 회피하는 태도를 보였다고 하더라도, 그러한 사정만으로 이 사건 각 성행위가 피해학생의 의사에 반하는 것으로서 성적 자기결정권을 침해한 것이라고 단정할 수는 없다.

⑥ 경찰은 원고의 피해학생에 대한 성폭력 혐의에 대하여 내사를 개시하였고, 앞서 살펴본 바와 같이 피해학생으로부터 사건의 경위에 관한 진술을 받기도 하였으나 그 후 내사종결을 하였고, 그에 따라 원고에 대해서는 소년법에 따른 보호처분 결정 등이 내려지지도 아니하였던 것으로 보인다.

⑦ 특히 피해학생은 원고와 같은 나이인 동급생이고, 이 사건 각 성행위 당시 원고의 폭행, 협박, 위력, 위계, 강요 등이 개입하였던 정황은 발견할 수 없다. 나아가, 원고와 페이스북 메신저를 통해 나누었던 대화 내용에 비추어 보면, 피해학생은 성행위 및 성적 접촉의 의미와 내용, 영향 등에 대해서는 이미 일정 정도의 인식은 갖추고 있었던 것으로 보인다. 이러한 사정을 종합해 보면, 피해학생이 이 사건 각 성행위 당시만 13세를 넘긴 중학교 2학년 학생으로서 정신적·육체적 성숙도를 고려할 때 자신의 의사에 따라 성적 접촉 여부를 결정할 능력이 성인에 비해 다소 부족한 상태였다고 하더라도, 이 사건 각 성행위 당시 성적 자기결정권의 행사가 불가능하거나 어려운 상황이었다고 단정하기는 어렵다.

4) 소결론

결국 원고와 피해학생의 주장이 서로 일치하지 아니하는 상황에서, 앞서 본 제반 사정들에 비추어 보면 피해학생의 진술만으로는 원고가 이 사건 각 성행위 과정에서 피해학생의 의사에 반하여 성적 자기결정권을 침해함으로써 피해학생에게 신체적·정신적 피해를 가하였음을 인정하기 부족하고, 달리 이를 인정할 증거가 없다. 따라서 원고가 피해자와 이 사건 각 성행위를 한 것이 구 학교폭력예방법이 정한 '성폭력'에 해당한다고 보기 어려우므로, 이 사건 처분은 처분사유가 인정되지 아니함에도 이루어진 위법한 처분으로서 취소되어야 한다(따라서 원고의 재량권 일탈·남용 주장에 대해서는 나아가 판단하지 아니한다).

4-7. 과실행위는 학교폭력이 아니다

학교폭력의 기본적 개념상, 고의가 아닌 과실행위는 학교폭력에 해당할 수 없는 바, 게임을 하던 중 맞아 다친 학생의 피해에 대해 과실행위임을 이유로 학교폭력이 아니라고 한 판결사례가 있다.

> **判 例**
>
> ### 대전지방법원 2022. 2. 15. 선고 2021구합***** 판결
>
> 다. 처분사유 존부에 관한 판단
> 1) 인정사실
> 가) 이 사건 행위는 학교 개학 후 약 2주가 지난 2021. 3. 17. 체육시간에 원고, 피해학생 등이 건강 체력 측정 시험을 위해 대기하던 중 손짓 등을 통하여 상대방의 눈을 깜빡거리게 하면 이기는 게임을 하다가 발생하였다.
> 나) 당시 CCTV 영상에 의하면, 원고가 제3자인 다른 학생의 눈앞에 손을 들이밀며 위 게임을 하는 듯한 모습이 촬영되어 있다. 이어서 피해학생이 다가와 위 다른 학생의 눈앞에서 손뼉을 치며 위 게임을 하던 중, 원고가 피해학생에게 피

해학생의 눈 앞에서 주먹을 휘두르며 위 게임을 하다가 손으로 피해학생의 얼굴을 치는 이 사건 행위를 하게 되었고, 원고는 피해학생의 얼굴을 치자마자 급히 피해학생에게 다가가 두 손으로 피해학생의 어깨와 손을 잡으며 피해학생을 살펴보는 듯한 행위를 하는 것이 촬영되어 있다. 이와 관련하여, 피해학생은 학교폭력 심의 당시 원고가 때리자마자 "미안해, 미안해, 괜찮아? 괜찮아?"라고 말한 다음에 (다친 부분을) 바로 살펴보았다고 진술하였다.

다) 원고는 이 사건 행위 직후 피해학생에게 사과를 하였고, 피해학생의 담임교사는 이 사건 행위 당일 원고와 피해학생과 면담을 진행하였는데, 원고는 '실수로 피해학생 얼굴을 때렸다'고 답하였고 피해학생은 '놀다가 그랬다. 사과를 받아주었다'고 답하였다.

라) 학교폭력 심의 당시 E중 책임교사는 원고가 언행이나 행동이 거친 학생이 아니고 순수, 천진난만한 학생이라고 표현하였고, 원고와 피해학생의 관계에 대하여는 중학교 입학 후 처음 보는 관계라고 하였다.

마) 학교폭력 심의위원 5명 모두 이 사건 행위의 고의성과 관련하여 0점을 부여하였다.

[인정근거] 다툼 없는 사실, 갑 제2, 3호증의 각 기재, 을 제3호증의 영상, 변론 전체의 취지

2) 판단

가) 구 학교폭력예방법은 학교폭력의 예방과 대책에 필요한 사항을 규정함으로써 피해학생의 보호, 가해학생의 선도·교육 및 피해학생과 가해학생 간의 분쟁조정을 통하여 학생의 인권을 보호하고 학생을 건전한 사회구성원으로 육성함을 목적으로 한다(제1조). 그러나 학생들이 학교생활을 하는 과정에서 발생하는 모든 갈등이나 분쟁을 학교폭력으로 의율하는 것은 바람직하지 않기 때문에, 구 학교폭력예방법 제2조 제1호는 학교폭력을 '학교 내외에서 학생을 대상으로 발생한 상해, 폭행, 감금, 협박, 약취·유인, 명예훼손·모욕, 강요·강제적인 심부름 및 성폭력, 따돌림, 사이버 따돌림, 정보통신망을 이용한 음

란·폭력 정보 등에 의하여 신체·정신 또는 재산상의 피해를 수반하는 행위'
라고 정의하고, 구 학교폭력예방법 제3조는 '이 법을 해석·적용함에 있어서 국
민의 권리가 부당하게 침해되지 아니하도록 주의하여야 한다.'라고 규정하고
있다. 이는 '학교폭력'의 확대해석으로 지나치게 많은 학교폭력 가해자를 양산
하거나, 같은 행위를 두고서도 그것을 학교폭력으로 문제를 삼는지 여부에 따
라 구 학교폭력예방법 제17조의 조치대상이 되는지 여부가 달라지는 것을 방
지하기 위한 취지이므로, 일상적인 학교생활 중에 일어난 행위가 구 학교폭력
예방법 제2조의 '학교폭력'에 해당하는지 여부는 발생 경위와 상황, 행위의 정
도 등을 신중히 살펴 판단하여야 한다.

나) 앞서 본 바와 같은 제2조 제1호의 학교폭력의 정의 중 '상해'는 폭행, 감금,
협박 등 열거된 다른 예시들에 비추어 볼 때 형법상의 상해 개념을 상정하고 있
다고 보아야 하고, 이는 고의를 전제로 하고 있음을 알 수 있다. 위 규정의 형식
상 학교폭력은 위에 열거된 예시적 행위 외에 다른 행위들도 포함하나, 이는 적
어도 열거된 행위들에 준하는 행위여야 하는바, 그 열거된 행위의 과실범이 모
두 포함된다고 보기는 어렵다. 통상적으로 사용되는 '학교폭력'의 개념도 고의
적인 행위를 주로 염두에 두는 것으로 볼 수 있으므로, 상해에 의한 학교폭력은
원칙적으로 고의에 의한 상해만 이에 대항하고 과실에 의한 것은 포함하지 않
는다고 봄이 타당하다.

다) 위 인정사실 및 변론 전체의 취지에 의하여 알 수 있는 아래와 같은 사실 또
는 사정을 종합하여 앞서 본 법리에 비추어 보면, 피고가 제출한 증거만으로는
이 사건 행위가 원고의 고의에 의하여 발생하였다고 인정하기 어렵고, 달리 이
를 인정할 증거가 없으며, 피해학생이 이 사건 행위로 인하여 상해를 입었다고
하더라도 그러한 사정만으로는 이 사건 행위가 구 학교폭력예방법 제2조 제1
호에서 규정한 학교폭력에 해당한다고 볼 수 없다.

① 이 사건 행위는 중학교를 배정받아 입학한 뒤 불과 2주밖에 지나지 않은 상
황에서 발생하였고, 원고와 피해학생은 중학교 입학 전에는 전혀 알지 못하던

관계이고, 원고와 피해학생 사이의 관계에 어떠한 문제가 있었던 것으로 보이지 않는다.

② 피해학생은 다른 학생들과 여러 가지 게임을 해오던 중 이에 관심을 가진 원고가 게임에 참여하여 피해학생의 얼굴을 가격하게 되었다. 당시 원고는 피해학생이 오기 전부터 다른 학생과 위 게임을 하고 있었던 것으로 보이고, 피해학생과 게임을 하게 되자 피해학생의 눈을 깜빡거리게 하기 위해 주먹을 내뻗은 것이었으며, 이 사건 행위 직후 피해학생에게 상태를 물으며 미안하다는 의사를 표시하였는바, 위와 같은 사정에 비추어 보면 원고에게 피해학생을 가격하고자 하는 고의가 있었다고 단정하기 어렵다. 설령 원고가 이러한 행위로 인하여 피해학생의 얼굴을 가격하는 결과발생 가능성을 인식할 수 있었더라도, 이를 용인하는 내심의 의사가 있었다고 볼 만한 자료가 없다.

③ 피해학생 및 원고와 담임교사와의 면담 내용을 비추어 볼 때에도, 원고가 고의를 가지고 이 사건 행위를 하였다고 보기도 어렵다. 학교폭력 심의 위원들 모두 원고의 행위에 대해 고의성을 0점으로 평가하기도 하였다.

④ 위와 같은 사정을 고려하여 보면, 이 사건 행위로 인하여 피해학생에게 상해가 발생하였다고 하더라도 그와 같은 사정만으로 원고에 대해 선도·교육이 필요하다고 평가하기 어렵고, 달리 이를 인정할 만한 자료가 없다.

3) 소결론

이 사건 행위가 학교폭력에 해당한다고 보기 어려우므로, 이 사건 처분은 처분사유가 존재하지 않는다. 따라서 원고의 나머지 주장에 관하여 더 나아가 살펴볼 필요 없이 이 사건 나머지 처분은 위법하므로 모두 취소되어야 한다.

5. 행정심판

학교폭력대책심의위원회로부터 통지서를 받은 피·가해학생의 경우, 위 통지서에 기재된 처분결과에 대해 수긍하기 어려운 경우가 존재할 것인데, 이에 대해 이의할 수 있는 방법으로 행정심판과 행정소송이 있다.

이 둘의 관계상 먼저 행정심판에 대해 간략히 설명하나, 관련 쟁점들은 행정소송과 대부분 동일하므로, 집행정지나 절차상 하자 등의 공통된 관련 쟁점은 행정소송에서 자세히 후술하고, 행정심판에서는 행정심판 특유의 부분에 대하여 설명드리고자 한다.

그리고, 가해학생 및 학부모님들 중 행정소송, 행정심판을 하면 자신에게 더 불이익한 처분이 내려질 수 있는 것 아닌지 우려하시는 분들이 있으나, 이러한 이의를 할 수 있는 권리의 보장을 위해 이른바 '불이익 변경 금지의 원칙'에 따라 더 불이익한 처분이 내려질 수는 없다.

학교폭력예방 및 대책에 관한 법률(학교폭력예방법)
제17조의2(행정심판) ① 교육장이 제16조제1항 및 제17조제1항에 따라 내

린 조치에 대하여 이의가 있는 피해학생 또는 그 보호자는 「행정심판법」에 따른 행정심판을 청구할 수 있다. 〈신설 2012. 3. 21., 2017. 11. 28., 2019. 8. 20.〉

② 교육장이 제17조제1항에 따라 내린 조치에 대하여 이의가 있는 가해학생 또는 그 보호자는 「행정심판법」에 따른 행정심판을 청구할 수 있다. 〈개정 2012. 3. 21., 2017. 11. 28., 2019. 8. 20.〉

③ 제1항 및 제2항에 따른 행정심판청구에 필요한 사항은 「행정심판법」을 준용한다. 〈개정 2019. 8. 20.〉

위 조항에서와 같이, 피해학생과 가해학생 및 그 보호자는 관련 조치(피·가해학생의 경우 가해학생에 대한 징계조치, 피해학생의 경우 피해학생에 대한 보호처분에 대한 불복)에 대해 이의가 있는 경우 행정심판법에 따른 행정심판을 청구할 수 있도록 하고 있다.

행정심판의 경우는 처분이 있음을 알게 된 날로부터 90일 이내에 청구(도달 기준)하여야 하며, 이를 어길 경우 각하사유가 된다. 따라서 학교폭력대책심의위원회로부터 통지를 받을 경우 빠른 시간 내에 이의를 위한 준비를 하여 행정심판을 준비하여야 하며, 이는 후술할 행정소송에서도 거의 동일하다.

앞서 설명드린 바와 같이 행정심판은 대부분 행정소송과 쟁점이 동일한데, 행정행위에 대한 절차적 하자(학교폭력대책심의위원회 절차에서의 하자, 통지의 하자 등)와 실체적 하자(학교폭력여부에 대한 사실오인, 징계양정의 하자 등)를 주장하여야 하며, 조치 이후 상황의 변화가 있거나 추가 증거가 있는 경우 이를 준비하여 제출하고 의견을 잘 정리하여 밝힐 필요가 있다.

그런데, 대부분의 학부모 분들이 행정심판을 제기하면서 감정적인 내용만을 기재하는 경우가 많고, 이러한 대응은 처분을 뒤집는 데 아무런 도움이 되지 못하는 무익한(기회를 날려버리는 것이니 유해한 것이라 볼 수도 있겠다)행위로 보인다. 따라서, 행정심판이나 행정소송 등으로 학교폭력대책심의위원회의 처분을 변경하려 한다면 전문가와의 상담이 필요한 경우가 대부분일 것으로 사료된다.

다만, 행정심판은 행정소송과 달리 행정심판위원회에서 변경재결을 통해 처분의 하향(피해학생이 행정심판을 한 경우 처분의 상향) 등 처분의 상향 하향의 변경이 가능하다.

이를 예를 들어 쉽게 설명하면, 학교폭력은 맞으나 심의위원회의 전학처분이 너무 과도하여 학급교체가 적정한 사안의 경우 행정심판에서는 곧바로 해당 처분을 행정심판위원회에서 감경하여 학급교체로 처분을 변경할 수 있으나, 행정소송의 경우에는 심의위원회의 처분 전체를 취소하게 되고, 이후 다시 심의위원회가 열려 그 심의위원회에서 학급교체처분을 내리게 되는 절차상 차이가 발생하게 된다.

또한, 행정심판위원회의 재결처분에 불복하는 경우(심의위원회의 결정에 대해 불복하여 행정심판을 진행하였는데 행정심판에서의 결과 또한 불복하려는 경우) 행정소송이 가능하다는 점도 고려하여야 할 사항이다.

6. 행정소송과 관련한 여러 쟁점들

앞선 행정심판 파트에서 설명드린 바와 같이, 심의위원회의 처분에 대해 행정심판을 제기하지 않고 바로 행정소송을 제기하는 것도 가능하며, 행정심판을 제기한 뒤 재결 처분을 받은 후 행정소송을 제기하는 것도 가능하다.

행정소송 또한 처분이 있음을 안 날로부터 90일, 처분이 있은 날로부터 1년 이내에 제기하여야 하는데, 현실적으로 처분이 있음을 안 날(통지서를 수령한 날)이 기준일이 될 것이므로 통지서 수령일로부터 90일 이내에 제기하여야 함을 잊지 말아야 한다.

또한, 행정심판을 제기한 뒤 행정소송을 제기하는 경우에는 행정심판 재결서의 정본을 송달받을 날부터 90일 이내, 재결이 있은 날부터 1년 이내에 제기해야 한다.

행정심판에서는 정보공개청구하여 받은 회의록 외 심의위원회에서 활용된 각종 자료를 볼 수 없으나, 행정소송에서는 그러한 자료를 확인할 수 있는 장점이 있다.

그리고, 가해학생 뿐 아니라 피해학생 또한 심의위원회의 처분에 대해 행정소송을 제기하는 것 외에 가해학생이 제기한 행정소송에 대해 '보조참가'라는 절차를 통해 재판에 참가하여 재판에 출석하여 자신의 의견을 밝히는 것이 가능하고, 승소시 소송비용 또한 상대방에게 부담시키는 것도 가능하다.

6-1. 집행정지

통상적으로 심의위원회의 처분이 내려진 뒤, 2주 이내로 이행기간을 설정하고 이행을 독촉하는 경우가 통상적이다. 이러한 경우 행정심판이나 행정소송을 진행하여야 하는데, 행정심판이나 소송은 결론이 내려지기까지 적어도 수 개월의 시간이 소요되므로, 위 행정심판이나 소송의 결론이 나오기도 전에 이미 심의위원회에서 결정한 처분이 이행되어 버려 소송이 의미가 없어져 버리는 문제가 발생하는 것이다(집행부정지원칙).

따라서, 이러한 문제를 방지하기 위한 것이 집행정지신청이며, 위와 같은 특수성으로 인해 행정심판이나 소송이 90일 이내에 행해지면 된다고 생각하여 통지서를 받고 느긋하게 있다가는 낭패를 볼 수 있다.

따라서, 심의위원회의 처분에 행정심판이나 행정소송을 할 경우 반드시 집행정지 신청을 하여야 하며, 집행정지 신청을 한다고 하여 모든 처분이 다 집행정지가 되는 것이 아니며(일부 처분만의 집행정지를 인용하는 경우가 많다) 최근에는 본안소송에 돌입하였을 때 해당 처분이 얼마나 취소될 가능성이 있는지까지 검토하므로, 형식적인 내용으로 집행정지신청을 할 것이 아니라 자세한 내용을 소명하여 최선을 다하여야 하는 바, 아래 일부인용 결정문을 예시로 첨부한다.

判 例

부산지방법원 2022. 7. 21.자 2022아**** 결정

1. 피신청인이 2022. 6. 30. 신청인에 대하여 한 전학 처분(이하 '이 사건 전학 처분'이라 한다)과 관련하여, 신청인 제출의 소명자료에 의하면, 위 처분의 집행으로 신청인에게 회복하기 어려운 손해를 예방하기 위하여 긴급한 필요가 있다고 인정되고, 달리 집행정지로 인하여 공공복리에 중대한 영향을 미칠 우려가 있는 때에 해당한다고 인정할 자료가 없다.

2. 반면, 피신청인이 2022. 6. 30. 신청인에 대하여 한 출석정지 5일, 학생 특별교육이수 20시간 처분과 관련하여, 신청인이 제출한 소명자료만으로는 위 처분들의 집행으로 인하여 신청인에게 회복하기 어려운 손해가 발생할 우려가 있어 이를 예방하기 위하여 그 집행을 정지할 긴급한 필요가 있음이 소명되었

다고 보기 어렵다.

3. 그렇다면 이 사건 전학처분의 집행정지를 구하는 부분은 이유 있어 이를 인용하고, 나머지 신청은 이유 없어 이를 기각하기로 하여, 주문과 같이 결정한다.

또한, 보호자 특별교육이수조치에 대하여는, 대부분의 법원 결정 및 판결은 집행정지 및 행정소송에 있어 보호자를 대상으로 한 조치로서 신청인에게 취소를 구할 법률상 이익이 있다고 보기 어렵다고 보아 집행정지 뿐 아니라 행정소송에서도 부적법한 청구라고 보고 있다.

집행정지처분에서 실무상 특히 문제가 되고 있는 쟁점은 집행정지 결정시 집행정지되는 조치에 대하여 이미 기재된 학교생활기록부의 기재를 삭제하여야 하는 지와 관련된 것이다. 학교폭력과 관련하여 현재 소송 등으로 다툼이 있다 하더라도 이미 생활기록부에 기재된 이상 불이익이 그대로 발생하기 때문이다.

교육부의 학교폭력 사안처리 가이드북(2022)에서는 '가해학생 조치사항에 대한 행정심판 및 소송이 청구된 경우에도 기재된 조치사항을 삭제하지 아니하고, 향후 조치가 변경되거나 취소될 경우 이를 수정하며 조치결정 일자는 변경하지 않는다'고 하여, 집행정지결정에 대하여는 그 입장이 조금 불명확하나, 집행정지 결정이 내려지더라도 그 조치 자체의 실행만을 유보하고 학교생활기록부 기재는 판결이 확정되기 전까지는 일단 삭제하지 않고 그대로 두는 업무처리를 하고 있는 것으로 보인다.

다만, 학교폭력 가해학생이 법률 제17조 제1항 제1호부터 제3호까지(서면사과, 접촉 협박 및 보복행위의 금지, 학교봉사 등 기재유보 관리대장에 기재되는 조치들)의 조치를 받고, 이행 기간 만료 이전에 집행정지(효력정지) 인용결정을 받고 조치를 미이행 했을 경우, 집행정지 기간 동안 조치 이행 의무가 정지된 점을 고려하여 학교생활기록부 기재를 보류하고, 다만 본안에 대한 심리결과 청구가 기각된 경우 법률 제17조제1항제1호부터 제3호 조치를 집행정지(효력정지) 결정 당시 남은 이행 기간 내에 조치를 이행했는지 여부에 따라, 동 조치사항에 대한 학교생활기록부의 기재 여부를 결정하도록 정하고 있다.

이러한 집행정지와 학교생활기록부의 기재와의 관계와 관련하여, 학교생활기록부의 기재 삭제를 구하는 집행정지 신청에 대해 '이미 집행이 이루어진 것으로, 기재 삭제는 원상회복에 준하는 것임'을 이유로 각하판결을 한 아래 사례가 있다.

判 例

춘천지방법원 2018. 8. 27.자 2018아**** 결정

1. 학교생활기록부에 기재된 이 사건 각 처분 내역의 삭제를 구하는 부분에 대한 판단

「초·중등교육법」 제25조 제1항, 같은 법 시행규칙 제21조 제1항 제6호에 따르면, 학교의 장은 「학교폭력 예방 및 대책에 관한 법률」 제17조에 따른 조치 사항이 있는 경우에는 그 내용을 해당 학생의 학교생활기록에 기록하여야 한다.

그런데 행정소송법 제23조 제2항은 '취소소송이 제기된 경우에 본안이 계속되고 있는 법원은 당사자의 신청 또는 직권에 의하여 처분등의 효력이나 그 집행 또는 절차의 속행의 전부 또는 일부의 정지를 결정할 수 있다'고 규정하고 있을 뿐, 이를 넘어 이미 일부 이루어진 집행 또는 절차의 원상회복을 결정할 수 있다고는 규정하고 있지 않다.

따라서 이 사건 신청 중 학교생활기록부에 기재된 이 사건 각 처분 내역의 삭제를 구하는 부분은 이미 이루어진 집행 또는 절차의 원상회복을 구하는 것이어서 허용될 수 없다.

또한, 각하판결을 하면서도 그 이유는 '이 사건 결정으로 이 사건 처분의 효력이 정지되므로, 이미 신청인의 학교생활기록부에 입력된 학교폭력 관련 내용도 그에 따라 삭제하는 등의 조치가 있어야 한다'는 정반대의 이유를 들어, 당연히 삭제하여야 한다는 취지로 별도로 이를 구할 필요가 없다는

각하판결을 한 사례도 있다.

判 例

서울행정법원 2020. 6. 30.자 2020아***** 결정

1. 이 사건 처분의 효력정지에 관한 판단

가. 신청인이 제출한 소명자료, 심문결과에 따르면 이 사건 처분으로 신청인에게 회복하기 어려운 손해가 발생할 우려가 있고 그 손해를 예방하기 위하여 긴급한 필요가 있다는 점을 인정할 수 있다. 반면 이 사건 처분의 효력을 정지할 경우 공공복리에 중대한 영향을 미칠 우려가 있다거나 본안 청구를 받아들일 수 없음이 명백하다고 보기는 어렵다.

나. 이 사건 결정으로 이 사건 처분의 효력이 정지되므로, 이미 신청인의 학교생활기록부에 입력된 학교폭력 관련 내용도 그에 따라 삭제하는 등의 조치가 있어야 한다.

2. 학교생활기록부 기재 삭제 신청에 관한 판단

가. 한편 신청인은 이 사건 처분이 학교생활기록부에 기재되어 있는 한 회복하기 어려운 손해를 예방할 수 없다고 주장하면서 피신청인에게 신청인의 학교생활기록부 중 이 사건 처분에 관한 기재를 삭제할 것을 별도의 신청취지로서 구하고 있다.

나. 집행정지 신청은 본안소송이 적법하게 계속되고 있을 것을 요건으로 하고(행정소송법 제23조 제2항), 본안소송의 대상과 집행정지 신청의 대상은 원칙적으로 같아야한다. 그런데 현행 행정소송법은 의무이행소송을 인정하지 않고 있으므로, 피신청인에게 일정한 처분을 할 것을 요구하는 의무이행소송 형태의 집행정지신청 역시 인정할 수 없다.

또한 효력정지 결정이 나오면 그 이후 당해 처분의 효력, 집행 및 절차 속행에 기초한 법률효과는 모두 정지되므로, 이 사건 처분의 효력이 유효하게 존재함

학교폭력대책심의위원회 (학폭위) 행정심판 행정소송 AZ (A to Z)

을 전제로 한 학교생활기록부 기재의 사용이 허용되지 않기 때문에, 이 법원이 제1항에서 본 바와 같이 이 사건 처분의 효력정지를 명하는 이상, 그와 별도로 위 기록부 기재의 삭제를 명할 법률상 이익이 있다고 볼 수도 없다.

다. 별도의 신청취지로서 구하는 이 부분 신청은 부적법하다.

그리고, 집행정지결정으로 효력을 정지하는 결정을 하면서, 학교생활기록부 기재 또한 정지결정에 따른다는 취지의 판결을 하면서 학교생활기록부를 삭제하여야 한다는 결정도 있다.

判 例

춘천지방법원 강릉지원 2019. 5. 30.자 2019아*** 결정**

신청인 제출의 소명자료에 의하면, 주문 기재 처분의 효력으로 신청인들에게 회복하기 어려운 손해를 예방하기 위하여 긴급한 필요가 있다고 인정되고, 제출된 자료만으로는 효력정지로 인하여 공공복리에 중대한 영향을 미칠 우려가 있는 때에 해당한다고 보기에 어려우므로, 주문과 같이 결정한다(이 사건 결정으로 주문 기재 처분의 효력이 정지되므로 학교생활기록부 입력도 그에 따른다).

반면, 학교생활기록부의 기재는 그러한 조치결정이 있었다는 객관적 사실에 대한 기재일 뿐이며, 해당 기재를 삭제할 경우 수시모집 대학전형의 공정성 확보라는 공공복리에 중대한 영향이 있을 수 있음을 이유로 청구를 기각한 사례도 있다.

判 例

서울행정법원 2020. 9. 3.자 2020아*** 결정**

가. 행정처분 자체의 적법 여부는 궁극적으로 본안재판에서 심리를 거쳐 판단할 성질의 것이므로 원칙적으로 행정소송법 제23조 제2항 소정의 요건의 존부만이 판단의 대상이 된다(대법원 1992. 6. 8.자 92두14 결정 참조).

초·중등교육법 제25조 제1항 제3호, 같은 법 시행규칙 제21조 제1항 제3호, 학교생활기록 작성 및 관리지침 제8조 제4항, 교육부의 학교생활기록부 기재요령에 따르면, 학교의 장은 학교폭력대책심의위원회의 조치 요청에 대해 교육장이 조치 결정한 날 학교폭력법에 따른 조치사항을 학교생활기록부에 기재하도록 규정되어 있다. D고등학교장은 위 규정에 따라 신청인의 학교생활기록부에 학교폭력법 상 가해학생 조치사항을 기재하였고, 이 사건 기재는 학교폭력대책심의위원회가 피신청인에게 신청인에 대한 가해학생 조치사항을 요청하여 피신청인이 조치 결정을 하였다는 객관적 사실행위에 대한 기재이다. 이 사건의 본안소송에서 신청인의 주장이 받아들여지더라도 그와 같은 객관적 사실행위의 존재가 부정되는 것은 아니다. 대학은 학생에 대한 객관적 사실행위가 기재된 학교생활기록부 및 가해학생 조치사항이 소송을 통하여 다투어지고 있다거나 소송을 통하여 취소되었다는 사정 등을 종합하여 자율적으로 합격자를 선정할 수 있다.

나. 이 사건 처분의 효력을 정지하고 신청인의 신청취지 제2항과 같이 이 사건 기재를 삭제하여 신청인이 고등학교 재학 중에 발생한 객관적 사실을 배제시키는 것은 수시모집 대학전형의 공정성 확보라는 공공복리에 중대한 영향을 미칠 우려가 있다.

그리고, 본안판결이기는 하나 집행정지결정을 한 경우 해당

초등학교에서 생활기록부에 해당 처분에 관한 내용을 기재하지 않았을 것으로 보인다는 취지의 판결을 한 아래 사례도 있다.

判 例

창원지방법원 2022. 6. 22. 선고 2021구단*** 판결**

피고의 원고에 대한 '피해학생 및 신고·고발 학생에 대한 접촉 및 협박, 보복 금지' 처분은 학교폭력예방법 제17조 제1항 제2호의 조치사항에 해당하고, 이 법원이 2021. 9. 9. 이 사건 처분 중 위 부분(제2호)에 대하여 이 사건 판결선고일로부터 14일이 되는 날까지 그 집행을 정지한다는 내용의 집행정지결정을 한 사실은 이 법원에 현저하다.

따라서 D초등학교는 원고의 생활기록부에 위 처분에 관한 내용을 기재하지 않았을 것으로 보이고(초·중등교육법에서 정한 생활기록부의 취지상 원고가 진학한 중학 교의 생활기록부에 위 처분에 관한 내용을 기재할 이유는 없다), 설령 D초등학교가 원고의 생활기록부에 위 처분에 관한 내용을 기재하였다고 하더라도 원고의 졸업과 동시에 그에 관한 초등학교의 생활기록부에 기재되어 있던 위 처분에 관한 내용은 삭제되어야 하며, 현재 초등학교의 생활기록부에 위 처분에 관한 내용이 남아 있다고 볼 만한 사정도 없다.

따라서 원고에게 위 처분 부분의 취소로 인하여 회복되는 법률상 이익이 없다.

이처럼, 법원에서는 아직까지 집행정지와 학교생활기록부 기재와의 관계에 대해 명확히 이를 정리한 판결이 없는 상황

으로, 이러한 혼란한 상황을 정리하기 위해 법률의 개정이 필요할 것으로 사료된다.

6-2. 소의 이익

대부분의 법원 판결은 심의위원회의 처분이 내려진 뒤, 가해학생에 대한 조치의 대부분은 그 성질상 학교 내에서 이뤄지는 것으로, 처분을 받은 학생이 졸업 등의 사유로 해당 학교의 학생 신분을 상실하게 되는 경우 원칙적으로 심의위원회 처분의 취소를 구할 소의 이익이 인정되지 않는다고 보고 있다. 다만 처분의 효력이 소멸한 뒤라도 그 처분들의 취소로 인하여 회복되는 법률상 이익이 있는 경우에 한하여 소의 이익이 있는 경우가 존재할 수 있다.

判 例

부산지방법원 2022. 5. 12. 선고 2021구합*** 판결**

1) 학교폭력예방법 제17조 제1항은 '심의위원회는 피해학생의 보호와 가해학생의 선도·교육을 위하여 가해학생에 대하여 다음 각 호의 어느 하나에 해당하는 조치(수개의 조치를 동시에 부과하는 경우를 포함한다)를 할 것을 교육장에게 요청하여야 하며(이하 생략)'라고 규정하면서, 그 조치로

서 같은 항 제1호의 '피해학생에 대한 서면사과'를 비롯하여 '피해학생 및 신고·고발 학생에 대한 접촉, 협박 및 보복행위의 금지'(제2호), '학교에서의 봉사'(제3호), '사회봉사'(제4호), '학내외 전문가에 의한 특별 교육이수 또는 심리치료'(제5호), '출석정지'(제6호), '학급교체'(제7호), '전학'(제8호), '퇴학처분'(제9호)을 규정하고 있다. 이처럼 가해학생에 대한 조치 중 대부분을 그 성질상 해당 학교에 소속되어 있음을 전제로 학교 내에서 이루어져야 하는 것으로 정하고 있다. **따라서 학교폭력예방법 제17조 제1항 각호에 정한 처분을 받은 학생이 졸업 등의 사유로 해당 학교의 학생 신분을 상실하게 되면 원칙적으로 각 처분의 효력은 소멸된다. 다만 각 처분의 효력이 소멸된 뒤에도 그 처분 등의 취소로 인하여 회복되는 법률상 이익이 있는 경우에 한하여 소의 이익을 평가하게 될 뿐이다.**

원고가 D중학교를 졸업한 사실은 앞서 본 바와 같으므로, 피고의 원고에 대한 '피해학생에 대한 서면사과', '피해학생 및 신고·고발 학생에 대한 접촉 및 협박, 보복금지' 처분은 그 효력이 소멸하였다고 보아야 하고, 그에 따라 위 각 처분은 과거의 법률관계에 불과하여 그 취소를 구할 소의 이익은 원칙적으로 인정되지 않는다.

따라서, 위 판결들의 취지를 고려할 때, 졸업과 동시에 삭제되는 심의위원회의 처분의 경우(1호 내지 3호처분, 7호처분)의 경우에는 졸업시에는 그 내용이 남아 있을 수 없으므로 졸업시에는 소의 이익이 없다고 볼 것이고, 4호 내지 6호처분, 8호처분의 경우 졸업한 날로부터 2년이 지난 후에 삭제하는 것을 원칙으로 규정하고 있으므로 졸업시 소의 이익이 있는 경우가 발생할 수 있다.

이에 따라, 가해학생이 졸업한 뒤 피해학생 및 신고·고발학생에 대한 접촉 및 협박, 보복금지(2호) 조치에 대하여는 그 효력이 소멸하였다고 보아 소의 이익을 부정한 판결사례가 있다.

判 例

창원지방법원 2022. 6. 22. 선고 2021구단***** 판결

원고가 이 사건 처분 이후 D초등학교를 졸업한 사실은 앞서 본 바와 같으므로, 피고의 원고에 대한 '피해학생 및 신고·고발 학생에 대한 접촉 및 협박, 보복 금지' 처분은 그 효력이 소멸하였다고 보아야 하고, 그에 따라 위 처분은 과거의 법률관계에 불과하여 그 취소를 구할 소의 이익은 원칙적으로 인정되지 않는다.

또한, 이러한 점에서 아래 판결은 출석정지(6호) 조치에 대해 가해학생이 해당 학교의 학생 신분을 상실한 후에도 학교생활기록부에 조치사항의 기재가 남아 있는 경우에는 상급학교 진학 등에 불이익을 받을 우려가 있음을 이유로 조치의 취소를 구할 법률상 이익이 인정된다는 판시를 하였다.

判 例

서울고등법원 2017. 3. 21. 선고 2016누***** 판결

제2처분에 기한 출석정지가 집행되지 않고 있던 중 원고가 C고등학교를 졸업한 사실, 이 사건 지침 제18조 제4항은 "학교의 장은 학교생활세부사항기록부(학교생활기록부II)의 학적사항의 '특기사항'란에 입력된 법 제17조 제1항 제8호의 조치사항과 출결상황의 '특기사항'란에 입력된 법 제17조 제1항 제4호·제5호·제6호의 조치사항을 학생이 졸업한 날로부터 2년이 지난 후에는 삭제하여야 한다"라고 규정하고 있고, 이에 따라 원고의 생활기록부에 제2처분에 관한 기재가 남아있는 사실은 당사자 사이에 다툼이 없거나, 앞서 든 증거들에 변론 전체의 취지를 종합하여 인정할 수 있다. 한편, 초·중등교육법 제30조의6 제1항은 "학교의 장은 제25조에 따른 학교생활기록을 해당 학생(학생이 미성년자인 경우에는 학생과 학생의 부모 등 보호자)의 동의 없이 제3자에게 제공하여서는 아니 된다. 다만, 다음 각 호의 어느 하나에 해당하는 경우에는 그러하지 아니하다"라고 하면서 제2호로 '제25조에 따른 학교생활기록을 상급학교의 학생 선발에 이용하기 위하여 제공하는 경우'를 들고 있다. 그렇다면, C고등학교의 학생임을 전제로 한 제2처분은 졸업과 동시에 그 효력이 소멸되었다 할 것이나, 졸업한 날로부터 2년이 지날 때까지 생활기록부에 제2처분을 받은 기재가 남아있음으로써 원고로서는 향후 대학교 입학에 있어 불이익을 받을 우려가 있고, 이는 사실상 불이익을 넘어서는 법률상 불이익에 해당한다 할 것이다. 따라서 원고에게는 제2처분의 취소를 구할 법률상 이익이 있다 할 것이므로, 피고의 위 항변은 이유 없다.

또한, 이와 동일한 취지에서 가해학생이 사건이 일어난 학교에서 다른 학교로 전학을 갔다 하더라도 향후 재차 학교폭력예방법 제17조 제1항의 조치를 받은 학생이 동일학교급에 재학하는 동안 다른 학교폭력사건으로 조치를 받은 경우 기존에 받았던 조치사항이 소급하여 기재되는 불이익을 입으므로 심의위원회의 결정의 취소를 구할 소의 이익이 인정된다는 판결을 한 사례가 있다.

判 例

청주지방법원 2022. 6. 9. 선고 2021구합*** 판결**

초·중등교육법 시행규칙 제21조 제2항 제2호에 의하면, 학교폭력예방법 제17조 제1항 제1호부터 제3호까지에 따른 조치를 받은 학생이 이후 동일 학교급에 재학하는 동안(초등학생인 경우에는 그 조치를 받은 날부터 3년 이내의 범위에서 동일 학교급에 재학하는 동안) 다른 학교폭력사건으로 같은 조 제1항의 조치를 받은 경우에는 기존에 받았던 조치사항에 관한 내용을 해당 학생의 학교생활기록부에 기재하여야 한다.
따라서 원고가 이 사건 학교에서 다른 학교로 전학을 갔다고 하더라도 향후 재차 학교폭력예방법 제17조 제1항의 조치를 받을 경우 위 각 조치를 받은 사실이 학교생활기록부에 소급하여 기재되는 불이익을 입게 된다. 이러한 불이익은 피해학생에 대한 서면사과의 외형이 잔존함에 따른 것으로서 구체적이고 현실적인 위험에 해당하므로, 원고에게 이 사건 처분의 취소를 구할 법률상 이익이 소멸하였다고 보기 어렵다. 따라서 피고의 본안전항변은 이유 없다.

또한, 가해학생의 특별교육 이수조치와 함께 해당 학생의 보호자도 함께 특별교육이수조치가 내려진 경우, 해당 학생의

보호자에 대한 특별교육이수조치결정은 부수처분으로서 가해학생의 특별교육이수를 전제로 하는 것이므로 보호자 특별교육이수의 처분을 다툴 법률상 이익은 없다는 것이 대다수 법원 판결의 입장이다.

判 例

창원지방법원 2022. 6. 22. 선고 2021구단*** 판결**

학교폭력예방법 제17조 제3항은 '제1항 제2호부터 제4호까지 및 제6호부터 제8호까지의 처분을 받은 가해학생은 교육감이 정한 기관에서 특별교육을 이수하거나 심리치료를 받아야 하며, 그 기간은 자치위원회에서 정한다.'라고 규정하고 있고, 같은 조 제9항은 '자치위원회는 가해학생이 특별교육을 이수할 경우 해당 학생의 보호자도 함께 교육을 받게 하여야 한다.'라고 규정하고 있다.

위 각 규정의 형식과 내용에 비추어 보면, 학교폭력예방법 제17조 제9항에 따른 가해학생 보호자에 대한 특별교육이수 조치는, 가해학생이 같은 조 제1항 제2호부터 제4호까지, 제6호부터 제8호까지의 처분을 받고 가해학생의 선도·교육을 위하여 특별교육을 이수하는 경우 해당 학생의 보호자에게 그 목적을 달성하기 위하여 마련된 부수처분으로서 가해학생의 특별교육이수를 전제로 하고 있어 가해학생에 대한 처분과 별도로 존재하거나 다툴 수 있는 것이 아니다. 즉, 가해학생에 대한 특별교육이수 처분이 유효하여 가해학생이 특별교육을 이수하는 경우 해당 학생의 보호자는 위 규정에 따른 처분에 따라 함께 교육을 받아야 하는 것이고, 가해학생에 대한 특별교육이수 처분이 위법하여 취소되거나 무효로 되어 가해학생이 특별교육을 이수하지 아니하게 되는 경우 해당 학생의 보호자에 대한 특별교육 역시 이를 이수하게 할 근거를 상실하게 되므로, 원고는 이 사건 처분 중 보호자 특별교육이수 처분의 적법 여부를 다툴 법률상 이익이 없다.

따라서 이 사건 소 중 위 처분 부분의 취소를 구하는 부분은 부적법하다.

判 例

인천지방법원 2021. 8. 19. 선고 2020구합***** 판결

직권으로 이 사건 소 중 보호자 특별교육이수 조치의 취소를 구하는 부분의 적법 여부에 관하여 본다.

구 학교폭력예방법 제17조 제1항 제5호, 제3항은 가해학생의 선도·교육을 위하여 가해학생에게 취할 수 있는 조치 중의 하나로 전문가에 의한 특별교육 이수를 규정하고 있고, 같은 조 제9항은 학교폭력대책심의위원회(이하 '심의위원회'라 한다)는 가해학생이 특별교육을 이수할 경우 해당 학생의 보호자도 함께 교육을 받게 하여야 한다고 규정하고 있다.

위 각 규정의 형식과 내용 등에 비추어 보면, 구 학교폭력예방법 제17조 제9항에 따른 가해학생 보호자에 대한 특별교육 이수 조치는 가해학생이 선도·교육을 위하여 특별교육을 이수하는 경우 해당 학생의 보호자에게 그 목적을 달성하기 위하여 마련된 부수처분으로서 가해학생의 특별교육 이수를 전제로 하므로, 가해학생에 대한 처분과 별도로 존재하거나 다툴 수 있는 것이 아니다. 즉, 가해학생에 대한 특별교육 이수 처분이 유효하여 가해학생이 특별교육을 이수하는 경우, 해당 학생의 보호자는 위 규정에 따른 처분에 따라 함께 교육을 받아야 하는 것이고, 가해학생에 대한 특별교육 이수 처분이 위법하여 취소되거나 무효로 되어 가해학생이 특별교육을 이수하지 아니하게 되는 경우, 해당 학생의 보호자에 대한 특별교육 역시 이를 이수하게 할 근거를 상실하게 되는 것이다.

그런데 아래에서 살펴보는 바와 같이 원고에 대한 이 사건 처분은 그 처분사유가 인정될 수 없어 취소되어야 하는바, 원고는 별도로 학교폭력예방법 제17조 제9항에 따른 가해학생 보호자에 대한 특별교육이수 조치의 적법 여부를 다툴 법률상 이익이 없다고 할 것이다. 그러므로 이 사건 소 중 보호자 특별교육이수 조치의 취소를 구하는 부분은 부적법하다.

6-3. 절차상 하자 : 사전통지의무, 이유제시의무위반 등

법률 개정 전 각 학교에서 학교폭력대책자치위원회를 운영하던 때에는 위원 선출 등의 절차상 하자가 상당히 많았으나, 법률 개정으로 교육지원청에서 학교폭력대책심의위원회를 운영하게 되면서 위와 같은 심의 의결기구의 구성 및 운영절차상의 위법으로 인한 문제는 상당히 줄어들게 되었다.

다만, 심의위원회 참석 전 심의대상 행위의 구체적 내용을 통지하지 않거나, 심의위원회의 조치를 통보하면서 처분사유를 구체적으로 기재하지 아니하여 사전통지의무나 이유제시의무위반을 하는 경우가 실무상 문제가 되고 있는데, 사전통지의무란 당사자에게 미리 처분의 원인이 되는 사실과 처분의 내용 및 법적 근거, 의견제출방법 등을 제공하여야 하는 의무이며, 이유제시의무란 처분을 받는 당사자에게 그 근거와 이유를 불복절차에 나아감에 지장이 없을 정도로 충분히 제시할 것을 요구하는 원칙이다.

아래 판결은 사전통지의무 및 이유제시의무를 위반하였다는 취지의 판결을 한 사례이다.

判例

광주고등법원 (전주) 2022. 4. 13. 선고 2021누***** 판결

라. 절차상 하자에 관한 판단

1) 처분의 사전통지 의무 위반 여부

가) 행정절차법 제21조 제1항에 의하면, 행정청은 당사자에게 의무를 부과하거나 권익을 제한하는 처분을 하는 경우에는 미리 '처분의 제목(제1호), 당사자의 성명 또는 명칭과 주소(제2호), 처분하려는 원인이 되는 사실과 처분의 내용 및 법적 근거(제3호), 제3호에 대하여 의견을 제출할 수 있다는 뜻과 의견을 제출하지 아니하는 경우의 처리방법(제4호), 의견제출기관의 명칭과 주소(제5호), 의견제출기한(제6호), 그 밖에 필요한 사항(제7호)'을 당사자등에게 통지하여야 한다.

나) 비록 학교폭력예방법 제17조 제5항에서 심의위원회는 제1항 또는 제2항에 따른 조치를 요청하기 전에 가해학생 및 보호자에게 의견진술의 기회를 부여하는 등 적정한 절차를 거쳐야 한다고 규정하여 심의위원회 회의 절차에 관한 별도의 조항을 두고 있기는 하나, 이는 그 대상 학생과 부모에

게 의견진술의 기회를 부여함으로써 방어의 기회를 주고 처분과 관련한 문제 상황을 정확히 파악하여 적정한 처분을 하기 위한 취지의 규정이고 위 법률에서 달리 행정절차에 준하는 절차를 거치도록 하는 별도의 절차 규정이 없어 위 조항에 의해 행정절차법의 적용이 배제된다고 보기는 어렵다. 나아가 학교폭력예방법 제17조 제6항에서 심의위원회가 조치를 요청하면 교육장은 14일 이내에 해당 조치를 하도록 되어 있어 실질적으로 회의 결과 즉, 의결이 곧바로 처분으로 이어지게 되고, 학교폭력예방법 제17조 제1항 각호의 조치들은 학생을 대상으로 하는 실질상 징계에 해당하므로 이를 행정절차법 시행령 제2조 제8호에서 정하는 교육·훈련 목적의 사항으로 볼 수 없으며, 대상 학생에 대한 조치가 그 학생의 입시 등 장래에 미치는 영향이 결코 작지 않아 경미한 처분으로 보기도 어려우므로, 심의위원회를 개최함에 있어서도 대상 학생의 방어권 보장을 위해 미리 해당 학생 및 그 보호자에게 심의대상이 되는 원인 사실이 무엇인지 알 수 있도록 구체적으로 통지하여야 한다고 해석함이 타당하다.

다) 그런데 위 인정사실에 변론 전체의 취지를 더하여 알 수 있는 다음과 같은 사정들을 종합하여 보면, 이 사건 심의위원회를 개최함에 있어서 피고가 원고에게 이러한 사전통지절차를 제대로 이행하였다고 보기 어렵고, 이 사건 처분의 성질에 비추어 행정절차법 제21조 제4항 제3호에서 정한 그 사전통지나 의견청취가 '현저히 곤란하거나 명백히 불필요하다고 인정될 만한 상당한 이유가 있는 경우'에도 해당하지 않는다. 따라서 이에 대한 원고의 절차상 하자 주장은 이유 있다.

① 이 사건 심의위원회에 대한 출석을 통지하기 위해 원고에게 교부된 이 사건 참석통지서에는 "E고등학교 1학년 1반 피해학생과 원고간 단순 폭행 및 언어폭력, 금품갈취 등의 학교폭력으로 학교폭력대책심의위원회 개최 요청된 사안임."이라고만 기 재되어 있을 뿐이어서, 원고가 피해학생에게 행한 어떠한 행동이 학교폭력에 해당하는지 알 수 없고, 구체적인 날짜와

장소도 특정되어 있지 않으며, 심의 대상이 되는 행위의 구체적인 태양도 전혀 나타나 있지 않다.

② E고등학교에서는 피고에게 학교폭력대책심의위원회의 개최를 요청함에 앞서 사실 확인을 위해 피해학생, 원고와 면담을 실시하고, 진술서를 제출받는 등 학교폭력에 대한 조사를 실시한 것으로 보이기는 한다. 그러나 피해학생이 최초 제출한 사건일지에 기재된 9개의 행위 중 이 사건 처분의 원인 사실이 된 행위는 이 사건 제3, 4, 7번 행위에 불과하다. 이후 피해학생이 2020. 9. 18. 작성하여 제출한 피해학생 학교폭력 확인서에는 이 사건 제1, 2번 행위를 포함하여 위 사건일지에 기재되지 않은 다양한 사안들(날짜 미상 폭행, 2020. 6. 19.자 욕설 등)이 기재되어 있는데, 학교 측에서 원고에 대하여 해당 가해행위의 존부에 대해 질문하는 등 사실 확인을 하였다거나 위 2020. 9. 18.자 피해학생 학교폭력 확인서의 내용을 원고나 그의 부모에게 알렸다고 볼 만한 자료는 찾아볼 수 없다. 나아가 E고등학교 학교장이 피고에게 심의를 요청한 시기는 2020. 10. 6.으로, E고등학교에서는 피해학생의 신고를 토대로 나름대로의 조사를 통해 사실관계를 추려 심의를 요청했을 것으로 보이는데, 이 사건 심의위원회 회의 내용상 피해학생이 작성한 사건일지나 학교폭력 확인서에 기재된 행위 중 어느 행위를 대상으로 심의가 요청되었는지도 불분명하고, 피고가 원고나 그의 부모에게 그에 대한 안내를 하였다는 사정은 찾아 볼 수 없다.

③ 실제 원고가 작성해 학교에 제출한 진술서에도 위 사건일지를 토대로 각 행위들에 이르게 된 경위나 그 이후 정황을 설명하는 내용만 기재되어 있고, 원고의 모친이 작성해 학교에 제출한 보호자 의견서에도 이 사건 제7번 행위에 관한 내용만 기재되어 있으며, 원고의 대리인이 이 사건 심의위원회에 제출한 의견서에도 위 사건일지에 기재된 사안들에 대한 소명과 그에 대한 소명자료만 첨부되어 있을 뿐이다. 이러한 사정에다 원고의 부모는 대리인을 선임하면서 적극적으로 이 사건 심의위원회에 대응하려 하

였던 점을 더하여 볼 때, 원고는 사건일지(을 제2호증)에 포함되지 않은 행위에 대하여는 별도로 조사를 받지 않았고, 그것이 이 사건 심의위원회의 심의대상에 포함되어 있는지도 알지 못했다고 봄이 상당하다.

④ 을 제8호증(녹취록)의 기재에 의하면, 원고와 그의 부모가 2020. 9. 14. 피해학생과 그의 부모를 만난 자리에서 피해학생으로부터 욕설이 담긴 메시지를 받았다는 진술을 들은 사실을 인정할 수 있다. 그러나 같은 날 피해학생이 작성해서 원고에게 교부된 사건일지에는 이 사건 제1번 행위에 대한 내용은 기재되어 있지 않은 데다, 위 사건일지에는 2020. 9. 11. 원고가 피해학생에게 욕설 등이 담긴 메시지를 보냈다는 내용이 기재되어 있어 위 자리에서 구체적으로 어느 메시지에 관하여 진술한 것인지도 불분명하다. 더구나 원고가 피해학생에게 보낸 모든 메시지가 심의대상이 된 것은 아니므로, 피고로서는 그중 어느 메시지가 심의대상인지 특정하여 알렸어야 하는데, 그러한 사정은 찾아볼 수 없다.

⑤ 위 녹취록에 의하면, 2020. 9. 14.자 위 면담자리에서 원고와 그의 부모가 피해학생으로부터 이 사건 제6번 행위에 관한 진술을 들은 사실은 인정할 수 있다. 그러나 이 또한 마찬가지로 같은 날 교부된 사건일지에는 기재되어 있지 않고, 그 진술도 자신이 원고에게 "엄마 없냐"는 말을 하게 된 경위를 설명하는 과정에서 나온 것으로 추가 진술도 없어 이를 온전히 가해행위에 대한 진술로 평가하기에 무리가 있고, 원고에 대하여 이 부분에 대한 별도의 조사가 없었던 상황에서 이러한 단편적인 진술의 청취로써 원고나 그의 부모가 이를 심의대상 행위로 인식하기는 쉽지 않았을 것으로 보인다.

⑥ 이 사건 심의대상행위 중 이 사건 제3, 4, 7번 행위에 대하여는 원고와 그의 부모 모두 사전 면담과 조사과정을 통해 심의대상에 될 것이라는 점을 충분히 인식하고 있었던 것으로 보인다. 그러나 이는 이 사건 처분의 원인이 된 7개의 행위 중 절반에도 미치지 못한다. 그리고 이 사건 심의위원

회 회의 과정을 보면, 심의대상 행위에 대해 "2020. 6. 8.부터 지속적으로 폭행 및 금품갈취, 언어폭력 등의 학교폭력 피해를당했다며 학교폭력 신고한 사안"이라고 포괄적으로 표현할 뿐, 구체적인 일시나 장소, 행위 태양 등은 특정하지 않고 있는데, 피해학생과 같은 반에 있으면서 같은 기숙사에서 생활하며 자주 어울렸던 원고로서는 2020. 6. 8.부터 피해학생과 있었던 여러 일 중 어느 행위가 심의대상이 되었는지 알기 어려웠을 것으로 보인다.

⑦ 특히 피해학생이 작성한 사건일지에 기재된 행위 중 이 사건 제3, 4, 7번 행위 외 금품갈취 등 나머지 6개의 행위는 결과적으로 이 사건 처분의 원인사실에 포함되지 않은 것으로 보이는데, 학교 측으로부터 전달받은 사건일지에 기초하여 이 사건 심의위원회를 준비하였던 원고로서는 피고가 심의대상 행위를 정확히 알려주지 않는 바람에 정작 이 사건 처분의 원인이 된 다른 사실관계(이 사건 제1, 2, 5, 6번 행위)에 대하여는 선임한 변호인을 통해 의견서도 제출해보지도 못하는 등 충분히 소명할 기회를 가질 수 없었다.

2) 처분의 이유제시 의무 위반 여부

가) 행정청은 처분을 하는 때에는 원칙적으로 당사자에게 그 근거와 이유를 제시하여야 한다(행정절차법 제23조 제1항). 이때 '이유를 제시한 경우'는 처분서에 기재된 내용과 관계 법령 및 당해 처분에 이르기까지의 전체적인 과정 등을 종합적으로 고려하여, 처분 당시 당사자가 어떠한 근거와 이유로 처분이 이루어진 것인지를 충분히 알 수 있어서 그에 불복하여 행정구제절차로 나아가는 데 별다른 지장이 없었다고 인정되는 경우를 뜻한다(대법원 2017. 8. 29. 선고 2016두44186 판결 등 참조).

나) 앞서 본 사실에 변론 전체의 취지를 더하여 인정되는 아래와 같은 사정들을 종합하여 보면, 이 사건 처분은 그 처분서에 기재된 내용과 관계 법령 및 당해 처분에 이르기까지의 전체적인 과정 등을 종합적으로 고려하여 보

아도, 처분 당시 원고가 어떠한 사유로 처분이 이루어진 것인지를 충분히 알 수 없어서 그에 불복하여 행정구제절차로 나아가는 데에 지장이 있었던 것으로 판단되므로, 이 사건 각 처분은 행정절차법 제23조 제1항을 위반하였다고 봄이 타당하다.

① 피고가 원고에게 통보한 이 사건 심의위원회 조치 결정 통보서에는 심의개요에 관하여 "E고등학교 학생들 간 학교폭력 사안"이라고 기재되어 있고, 결정이유에도 "피해학생의 심리적 안정과 정상적인 학교생황을 회복하고 동시에 가해 학생에게 학교폭력 행위에 대한 경각심을 고취하고, 올바른 교우관계를 확립함으로써 유사한 학교폭력의 재발을 방지하기 위해, 위와 같은 조치를 결정하였음."이라고 기재되어 있을 뿐, 원고의 피해학생에 대한 어떠한 행동이 학교폭력으로서 이 사건 처분의 근거가 되었는지에 관한 구체적인 내용이 전혀 기재되어 있지 않다.

② 앞서 본 바와 같이 원고는 피해학생과 같은 반으로 같은 기숙사생활을 하는 등 밀접한 관계에 있었으므로, 그 사이에서는 여러 가지 다툼이 있었을 수 있다. 그러나 원고와 피해학생과 사이에 있었던 모든 일이 이 사건 처분의 대상이 된 것은 아니므로, 학교폭력으로 인정되는 구체적인 행위를 특정하여 한다. 이 사건 처분의 경우 어떠한 행위를 학교폭력으로 볼 수 있는지도 핵심 쟁점 중 하나이기 때문이다. 그런데 이 사건 심의위원회 회의록이나 처분에 이르기까지 경위에 비추어 보더라도 원고의 행위 중에 어떠한 부분을 학교폭력을 인정하였는지 구체적으로 알기 어렵다.

③ 이 사건 심의위원회의 안건 보고에서 "2020. 6. 8.부터 지속적으로 폭행 및 금품갈취, 언어폭력 등의 학교폭력 피해를 당했다며 학교폭력 신고한 사안"으로 그 심의 대상을 특정한 것을 보면, 이 사건 심의대상행위 외에 금품갈취 등 다른 행위들도 심의 대상에 포함된 것으로 보이는데, 최종 의결 과정에서는 그에 대한 어느 행위가 학교폭력에 해당하는지에 관한 개별적인 판단 없이 "금일 상정된 안건을 심의한 결과 원고와 피해학생 간 학교

폭력 사안은 두 학생 모두 서로에게 신체 및 정신상 피해를 유발한 행위로 쌍방 학교폭력에 해당하는 것"으로 판단하였다. 그런데 행정심판 재결서(갑 제2호증)에는 금품갈취는 피해 내역에 기재되어 있지 않으므로, 심의 대상이 된 행위 전부가 학교폭력으로 인정된 것도 아니다. 이러한 경위에 비추어 보면, 행정심판절차에 이르러서야 이 사건 처분의 원인이 된 사실관계를 구체적으로 특정한 것은 아닌지 의심스럽고, 이 점에서 보더라도 원고에게 상당한 방어권 침해가 있었음을 추인할 수 있다.

④ 실제 원고의 모친이 작성해 전라북도교육청 행정심판위원회에 제출한 행정심판 청구서(갑 제6호증)를 보더라도 "아이가 정말로 모욕감을 느낀 부분도 정말로 소소하게 표현을 한 어깨 밀친 부분이 이렇게까지 처벌을 받아야 한다면 장애가 있는 자녀들은 어디까지 참고만 살아야 하는지 궁금합니다."라고 기재되어 있는 등 이 사건 제7번 행위에 관한 경위나 정황 설명이 주를 이루고, 추가로 제출한 보충서(갑 제7호증)에도 이 사건 제3, 4, 7번 행위의 동기 및 경위에 관한 설명이 대부분이고, "과거 장난을 치다가 다투고 화해한 부분까지도 피해학생으로부터 지속적인 괴롭힘 내지는 폭행을 받아왔다며 신고한 것에서 비롯"되었다는 내용이 기재되어 있기는 하나, 이 사건 제1, 2, 5, 6번 행위의 구체적인 경위에 대하여는 별다른 내용이 없다.

마. 위와 같은 절차상 하자가 취소사유에 해당하는지 여부

1) 행정청이 처분절차에서 관계 법령의 절차 규정을 위반하여 절차적 정당성이 상실된 경우에는 해당 처분은 위법하고 원칙적으로 취소하여야 한다. 다만 처분상대방이나 관계인의 의견진술권이나 방어권 행사에 실질적으로 지장이 초래되었다고 볼 수 없는 특별한 사정이 있는 경우에는, 절차 규정 위반으로 인하여 처분절차의 절차적 정당성이 상실되었다고 볼 수 없으므로 해당 처분을 취소할 것은 아니다(대법원 2021. 1. 28. 선고 2019두55392 판결 등 참조).

2) 위 법리에 비추어 보건대, 위 인정사실에다 앞서 거시한 증거들에 의하여 알 수 있는 다음과 같은 사정들을 종합하여 볼 때, 앞서 본 절차상의 하자로 인해 원고나 그의 부모의 의견진술권이나 방어권 행사에 실질적인 지장이 초래되었다고 봄이 타당하므로, 이 사건 처분은 위법하여 취소되어야 한다(위와 같은 절차상 하자 주장을 받아들여 이 사건 처분을 취소하는 이상 나머지 실체적 하자에 관한 원고의 주장에 관하여는 더 나아가 살피지 아니한다).

① 피해학생이 E고등학교에 신고한 여러 학교폭력 행위 중 금품갈취 등 여러 행위는 결과적으로 이 사건 처분의 원인사실로 인정되지 않았다. 이는 나머지 행위들에 대하여는 원고가 작성한 진술서와 변호인이 제출한 의견서를 통한 소명이 일정부분 받아들여졌음을 보여 준다. 실제 원고는 진술서를 통해 2020. 7. 3.자 욕설 및 폭행, 2020. 7. 6.자 폭행은 부인하거나 기억이 나지 않는다고 하였고, 금품갈취에 대하여는 합의하에 이루어진 금전거래라는 등의 구체적인 소명을 하였고, 이러한 소명을 토대로 사안조사가 이루어져 학교에서 심의를 요청하는 과정이나 심의 과정에서 제외된 것으로 보인다. 만약 이 사건 제1, 2, 5, 6번 행위에 대해서도 마찬가지로 원고 측에 충분한 소명의 기회가 주어졌다면, 학교 측에서도 이러한 소명을 토대로 다른 학생들로부터 진술을 청취하는 등 원고에게 유리한 정황에 대하여도 조사가 이루어졌을 수 있으므로, 이 사건 심의위원회에서 원고가 위 행위들을 인정하는 취지로 진술하였다는 사정만으로 절차상 하자가 치유된다고 보기는 어렵다.

② 이 사건 심의대상행위를 충분한 소명 기회를 가졌던 부분(이 사건 제3, 4, 7번 행위)과 그렇지 못한 부분(이 사건 제1, 2, 5, 6번 행위)으로 나누어 그 경중을 살펴보더라도, 일부 사실관계에 대해 충분한 소명의 기회를 가졌다는 사정만으로 처분절차 전체의 절차적 정당성이 온전히 유지된다고 볼 수는 없다. 그 이유는 다음과 같다.

㉠ 이 사건 제3, 7번 행위는 일방적인 가해행위가 아니라 피해학생과의 다툼으로, 이 사건 심의위원회에서도 쌍방 모두가 학교폭력에 해당한다고 판단하였다. 이 사건 제3번 행위도 원고가 피해학생의 부모와 관련된 험담을 하는 등 그 원인을 제공한 측면은 있으나 피해학생이 먼저 폭력을 행사한 것이고, 이 사건 제7번 행위의 경우에는 원고와 피해학생이 서로 말다툼을 하다가 반대로 피해학생이 원고의 모친과 관련된 험담을 해 원고가 폭력을 행사한 것으로 피해학생이 그 원인을 제공한 측면이 있어 그 경위에 있어 참작할 사정이 있다.

㉡ 이 사건 제4번 행위가 학교폭력에 해당하는지는 별론으로 하더라도, 원고가 흥분된 상태로 학원에 있는 피해학생을 찾아가 소란을 피운 것은 부적절한 행동이나 결과적으로 학원 선생님에게 혼나 돌아갔으므로 피해학생의 신체에 직접적인 유형력을 행사하였다고 보기 어렵고, 실제 원고가 피해학생을 직접 대면한 것인지 아니면 학원 교실 밖에서 소란만 피우고 돌아간 것인지 명확하지도 않다.

㉢ 반면 이 사건 제2, 5, 6번 행위의 경우 일방적인 가해행위로서 쌍방 다툼인 이 사건 제3, 7번 행위나 직접적인 위해를 가하지 않은 이 사건 제4번 행위에 비해 비난가능성이 높다. 특히 이 사건 제2번 행위와 같이 목을 조르거나 이 사건 제6번 행위와 같이 고환을 때리는 것은 그 피해 부위나 행위 태양에 비추어 가볍게 볼 사안이 아니다. 실제 이 사건 심의위원회에서도 위원들이 이 부분에 대해 중점적으로 질의를 한 점에 비추어 볼 때, 원고에 대한 조치 수준 특히 사안의 심각성이나 고의성을 판단함에 있어서 주된 고려요소가 된 것으로 보인다. 그런데 아직 미성숙한 미성년자인 원고는 미처 준비하지 못한 상황에서 위원들의 질문에 자신에게 유리한 사정들에 대해 제대로 된 설명을 하지 못했던 것으로 보이고(이 사건 제2번 행위에 관하여는 그 경위에 대한 진술을 아예 하지 못했다), 해당 행위를 제대로 알지 못하는 원고의 부모도 적절히 대응하기 어려웠을 것이다.

㉣ 그리고 제1번 행위의 경우 페이스북 메시지로 언어폭력을 하였다는 것인데, 원고도 피해학생 역시 자신에 대해 욕설 메시지를 보냈다고 주장하고 메시지가 오고간 맥락이 정확히 확인되지 않는 상황에서 해당 욕설 메시지만 떼어놓고 일방적인 학교폭력에 해당한다고 단정하기는 어려우므로, 만약 해당 메시지를 특정하여 원고에게 충분한 소명의 기회를 부여함으로써 그 전후 주고받은 메시지 내용을 확인하는 등의 조치를 취하였다면 사안을 달리 평가할 여지도 있다.

㉤ 이 사건 제3, 4번 행위는 비슷한 시기에 이루어졌지만, 이 사건 제7번 행위는 그로부터 약 3개월 정도 지난 뒤에 있었고, 앞서 본 바와 같이 이 사건 제2, 5, 6번 행위와는 그 성격이 조금 다르므로, 원고 측에서 나머지 심의대상 행위도 알고 이 사건 심의위원회에 임하였다면 판단 요소 중 '지속성' 항목에 대해 보다 심도 있게 대응할 수 있었을 것이다.

③ 원고 측이 이 사건 심의위원회에서 이 사건 심의대상행위에 대하여 충분한 의견 진술의 기회를 가졌다고 보기도 어렵다. 그 이유는 다음과 같다.

㉠ 질의응답에 앞서 심의대상 행위를 특정하여 원고 측에게 고지하는 절차를 거치지 않았고, 최종적으로 원고나 그의 부모에게 소명할 기회를 부여함 없이 개개 위원들의 질문에 원고 측이 답하는 방식으로 회의가 진행되었다.

㉡ 구체적인 사안별로 질의가 이루어지지 않는 바람에 결국 질의응답과정의 상당 시간은 원고의 모친이 진술을 하게 되었는데, 그 대부분은 신고 이후 피해학생 측과의 대화 과정에 대한 설명이나 원고의 억울함을 하소연하는 것이었고, 위원들 중 일부도 원고에게 평소 성향이나 생각에 대해 묻기도 하는 바람에 정작 구체적인 행위에 이르게 된 경위나 이후 정황 등에 대해 진술할 기회는 그리 많지 않았다. 더구나 원고의 모친은 이 사건 심의대상행위를 구체적으로 알지 못한 상태에서 이 사건 제7번 행위에 중점을 두고 이 사건 심의위원회에 참석하게 되었으므로, 많은 시간 진술을 하였다

는 사정만으로 사전에 통지되지 않은 부분에 대해서까지 충분한 의견 진술의 기회를 보장받았다고 평가할 수는 없다.

ⓒ 이 사건 제1, 2, 6번 행위에 대하여는 포괄해서 원고에게 질의가 이루어지는 바람에 원고가 이 사건 제2번 행위에 대해서는 별다른 진술을 하지 못했고, 이에 대해 원고가 한 차례 이 사건 제1, 6번 행위의 경위에 대해 간략하게 답변한 것 외에 다른 위원이 이에 대해 추가로 질의하지는 않았고, 원고의 부모가 이에 대해 부가 설명을 하지도 않았다. 이 사건 제5번 행위에 대해서도 한 위원이 피해학생의 종아리를 문 이유를 묻자 원고가 둘이 얘기하다가 장난으로 물었다고 답하였는데, 그 구체적인 경위나 피해 정도, 그 이후 정황에 대해 진술할 기회를 가지지는 못하였다.

ⓓ 원고의 대리인이 이 사건 제3, 4, 7번 행위에 관하여는 그 경위를 구체적으로 설명하는 의견서를 제출하였기 때문인지는 몰라도, 이 사건 제7번 행위가 있은 후 사과한 상황에 대해 묻는 것 외에 위 행위들에 대하여는 특별한 질문이 없었다.

3. 결론

그렇다면 위와 같은 절차상 하자를 이유로 이 사건 처분의 취소를 구하는 원고의 청구는 이유 있으므로 이를 인용하여야 한다. 그런데 제1심판결은 이와 결론이 달라 부당하므로 원고의 항소를 받아들여 제1심판결을 취소하고 이 사건 처분을 취소하기로 하여, 주문과 같이 판결한다.

아래 판결 또한 사전통지의무를 제대로 이행하지 아니하여 가해학생의 의견진술기회를 제대로 부여받지 못하였음을 이유로 심의위원회의 처분에 대해 이를 취소하는 판결을 한 사례이다.

判 例

다. 판단

1) 학교폭력예방법 제17조 제1항, 제5항은 학교폭력대책심의위원회가 피해학생의 보호와 가해학생의 선도·교육을 위하여 가해학생에 대하여 ① 피해학생에 대한 서면사과(제1호), ② 피해학생 및 신고·고발 학생에 대한 접촉, 협박 및 보복행위의 금지(제2호), ③ 학교에서의 봉사(제3호), ④ 사회봉사(제4호), ⑤ 학내외 전문가에 의한 특별 교육이수 또는 심리치료(제5호), ⑥ 출석정지(제6호), ⑦ 학급교체(제7호), ⑧ 전학(제8호),⑨ 퇴학처분(제9호)의 어느 하나에 해당하는 조치를 할 것을 교육장에게 요청하여야 하되, 위와 같은 조치를 요청하기 전에 가해학생과 보호자에게 의견진술의 기회를 부여하는 등 적정한 절차를 거치도록 규정하고 있다.

위와 같이 학교폭력예방법이 가해학생과 보호자에 대하여 의견진술의 기회를 부여하는 규정의 취지는, 가해학생에 대한 조치를 취하기 전 당사자에게 변명과 유리한 주장을 하거나 자료를 제출할 기회를 부여함으로써 위법사유의 시정가능성을 고려하고 조치의 신중과 적정을 기하여 가해학생 측의 방어권을 보장하고자 함에 있다.

그러므로 학교폭력예방법 제17조 제5항에 규정된 '가해학생과 보호자에게 의견진술의 기회를 부여하는 등 적정한 절차'에는 학교폭력대책심의위원회 회의를 개최하기 전에 미리 가해학생 및 보호자에게 처분하려는 원인이 되는 구체적인 사실(이는 심의위원회 회의 개최의 원인이 된 학교폭력의 일시, 장소, 행위내용 등이 특정된 사실을의미한다)을 통지하여야 하고, 학교폭력대책심의위원회 회의에서도 가해학생임을 전제로 한 의견진술의 기회가 충분히 부여되어야 한다고 해석함이 타당하다.

한편, 행정처분의 취소를 구하는 항고소송에서는 당해 처분의 적법을 주장하는 처분청인 피고에게 그 적법 여부에 대한 입증책임이 있으므로(대법원 1983. 9. 13. 선고 83누288 판결 등 참조), 학교폭력예방법에 따라 이루어진 이 사건 처분의 취소를 구하는 이 사건 소송에서 이 사건 처분의 처분청인 피고는 학교폭력예방법상 요구되는 절차 의무를 모두 이행하였다는 사실을 구체적으로 주장하고 이를 입증하여야만 한다.

2) 위와 같은 법리에 앞서 든 증거와 변론 전체의 취지를 종합하여 인정할 수 있는 아래와 같은 사실 내지 사정들을 비추어보면, 피고의 원고에 대한 이 사건 처분은 학교폭력예방법상 요구되는 절차 의무를 모두 이행하였다고 보기에 부족하고, 달리 이를 인정할 증거가 없다.

① 2021. 6. 17. 접수된 G중 H에 관한 학교폭력 사안조사보고서의 사안유형란에는에 '신체폭력, 언어폭력'이라고 기재되어 있고, 사안개요란에 "원고(피해 관련 학생)에 의해 E 손이 사용되어 D의 오른손을 1차례 가격하게 되었고, 그 과정에서 D의 오른쪽 새끼손가락이 심하게 꺾임. D이 약 14초 정도 고통을 호소하고 있는 중 원고는 D으로 장난으로 아픈 척 하는 줄 알고 웃으며 '엄살 아니야·', '원래 새끼손가락 정도는 다치면서 크는 거다.'등의 발언을 함"이라는 내용이 기재되어 있고, 사안 경위란에 "7. D 보호자는 … 고통스러워 신음하는 사람에게 조롱과 비웃음으로 대처한 원고는 원인 제공자이고 언어폭력에 해당한다고 주장함"이라고 기재되어 있는 사실은 인정된다.

그러나 위 학교폭력 사안조사보고서에 원고는 피해학생임을 전제로 '피해(관련)'라고 기재되어 있고, D, F, I, E은 '관련'이라고 기재되어 있다. 또한 위 보고서 중 가해학생이 행사한 학교폭력의 심각성·지속성·고의성을 평가하는 부부분에는 D의 폭력행위에 관한 심각성·지속성·고의성이 기재되어 있을 뿐이다. 위 보고서 중 가해학생의 반성 정도를 평가하는 부분에는 D이 원고에게 사과한 과정이 기재되어 있다.

② 이 사건 심의위원회 안건의 학교 사안번호는 'G중 H'이다. 이 사건 신의

위원회 안건의 사안개요는 아래와 같다.

(언제) 2021. 6. 16. (수) 11시경

(어디서) 1-2 교실에서

(무엇을/어떻게)

· 장난치던 중 원고에 의해 E의 손에 맞아 D의 오른손 새끼손가락이 꺾임

· 원고는 D이 장난으로 아픈 척하는 줄 알고 '엄살 아니야?', '원래 새끼손가락 정도는 꺾이면서 크는 거다.' 등의 발언을 함. 더불어 E은 D이 아프다고 했을 때, 처음에는 '괜찮아?'라고 했지만, 많이는 안 아파 보여서 장난기가 발동하여 '맞으면서 크는 거다'라고 함

· D은 자신을 조롱한다고 느껴서 원고의 얼굴을 가격함

이 사건 심의위원회 안건의 쟁점사안은 "㉠ D이 원고의 얼굴을 몇 차례 가격했는가(원고의 주장 내용: D에게 8차례 얼굴을 가격 당함, D의 주장 내용: 원고의 얼굴을 1차례 정도 가격함), ㉡ D이 원고의 얼굴 가격시 E, I, F이 제지했는가(원고의 주장 내용: 옆에 있던 E, I, F은 아무도 말리지 않음, D의 주장 내용: 근처에서 지켜보고 있던 E, I이 나의 왼팔을 잡고, 뒤에서 신음을 듣고 온 F이 오른팔을 잡아 제지함)"이다.

즉 이 사건 심의위원회 안건의 사안개요에 원고의 행위가 기재되어 있기는 하나, 심의위원회 안건의 쟁점사안은 D의 폭력 행사 정도에 초점이 맞추어져 있어, 위와 같은 내용을 원고측에 알린 사실만으로는 원고나 원고의 보호자가 이 사건 심의위원회에서 원고가 가해학생으로 심의된다는 사실을 충분히 예견할 수 있었다고 보기에 부족하다.

③ 이 사건 심의위원회 회의 과정을 보더라도 회의는 ㉠ 개회, ㉡ 자치위원회 개요 안내, ㉢ 사안보고, ㉣ 피해학생측 확인 및 질의응답, ㉤ 가해학생측 확인 및 질의응답, ㉥ 피해학생 보호조치, 가해학생 선도·교육조치 논의 및 결정, ㉦ 폐회 순으로 진행되었는데, 진술기회를 제일 먼저 부여받은 원고와 원고의 부는 피해학생의 지위에서 진술하는 것이라고 오해할 여지가 충분히 있었다.

④ 이 사건 심의위원회 회의 과정에서 원고의 행위가 놀이의 과정일 뿐이라는 원고의 부의 진술 뒤에 이 사건 심의위원회의 한 위원이 "어쨌든 지금 그 놀이에 의해서

한 사람이 다쳤어요. 장난으로 한 말에 정신적 피해를 입으면 그것도 학폭이에요, 아버님. A군, 학교에서 배울 때 나는 장난으로 한 마디 한 게 친구에게 정신적 피해를 입히면 학폭이라고 배웠어요, 학폭이 아니라고 배웠어요?"라고 말한 사실은 인정된다. 그러나 위와 같은 발언은 원고의 행위가 단순한 놀이라는 원고의 부의 진술에 대해 원고의 행위 역시 잘못된 것이라는 점을 지적하는 발언에 불과할 뿐이지, 원고가 현재 가해학생으로서 원고의 행위가 심의 대상이라고 알려주는 것이라고 볼 수는 없다.

⑤ 이 사건 심의위원회 회의 과정에서 원고와 원고의 부는 원고의 행위 또한 심의 대상이라는 점과 원고의 가해행위에 관한 명시적인 고지, 의견진술의 기회를 부여받지 못하였다. 그에 따라 원고측은 이 사건 심의위원회 회의 과정에서 원고의 피해사실에 관한 의견을 주로 진술하였을 뿐 원고의 행위에 대한 변명이나 반박할 기회를 충분히 부여받지 못하였다.

특히 이 사건 심의위원회 회의 과정에서의 아래와 같은 대화는 원고가 본인이 가해학생으로서 이 사건 심의위원회에 참석한 사실을 모르고 있다는 점을 보여준다.

위원: A 학생, D 학생한테 손가락 꺾은 거에 대해서 카페에서 만났을 때 사과했어요?

원고: 기억이 잘 안 나지만 안 한 것 같습니다.

위원: 그 부분에 대해서 본인이 잘못했다고 생각은 하나요?

원고: 저는 원래부터 E가 한 번 더 쳐서 꺾인 걸로 알고 있어서, 어... 잘 모르겠습니다.

위원: 몰랐어요? 혹시 학교에서 학폭 관련 사안 조사할 때 여기 사안보고서에도 나와 있는데 '원고가 E 손을 잡고 다치게 했다'라고, 그때 이 사실에 대해서 정확하게 인식을 못했었나요?

원고: 네.

위원: 본인이 E('D'을 지칭하는 것으로 보인다) 학생의 손을 다치게 한 거에 대해서는요?

원고: 네.

위원: 그러면 A 학생은 나중에 D 학생을 만난다면 이 부분에 대해서는 사과할 의사가 있나요? 이때 새끼손가락이 꺾인 것에 대해서.

원고: 장난을 같이 치다가 다쳤으니 사과를 해야 한다고 생각합니다.

위원: 어쨌든 다쳤으니까, 그렇죠? 알겠습니다.

---

⑥ 원고의 행위로 인해 피해를 입은 D의 보호자는 이 사건 심의위원회에 출석하여 "위원장님, 저희가 이 위원회가 열리기 전에 조사받는 과정에서 제가 굉장히 많이 주장한 부분들이 있었거든요. 이게 폭력의 종류에 대해서 말씀드리고 싶은데요. 원고가 물론 위원회 신청을 했기 때문에 얘가 때린 걸로 이게 폭력 심의위원회가 열리고는 있지만 D의 입장에서는 언어폭력 또한 굉장한 폭력이었다. 스스로가, 원고 아버님께서는 장난이었다. 제가 전해들은 바로는 '장난이었다. 장난인데 어떻게 때릴 수가 있느냐. 부모를 욕한 것도 아니고 그 정도 놀린 건 장난이지 않느냐.'라고 원고 쪽은 주장을 하고 있는데요. 받아들이는 사람이 그게 언어폭력이었고 조롱이었고 그리고 본인이 그것 때문에 굉장한 수치심을 느꼈다고 하면 그거는 당연히 언어폭력이라고 저는 생각을 하고 있거든요. 그래서 조사를 받는 과정에서 놀림 받은 부분에 대해서 굉장히 많이 어필을 했었습니다. 그래서 저도 그럼 똑같이 이 본안에 대해서 원고가 주장한대로 D가 때렸다는 걸 주장한다 치면 저는 원고와 E가 언어폭력을 행하였다. 일차적인 폭력이 있었음을 분명히 주지를 시키고 그 부분에 대해서 별도의 위원회를 개최해 달라고 여러 차례 제가 주장을 했거든요. 그 부분은 받아들여지지 않았습니다."라고 진술하여, G중학교에서 원고의 행위에 관하여 학교폭력 관련 절차를 제대로 이행하지 않았다는 불만을 표현하였다.

이에 대해 이 사건 심의위원회 위원장은 원고의 행위 또한 이 사건 심의위원회에서 학교폭력인지 여부를 판단하고 있다고 대답하지 않고, "참고하겠습니다. 그 부분은 저희가 질문하는 과정에서 말씀을 해주시면 저희들이 심의하는 데 참고하도록 하겠습니다"라고 진술하여, D의 폭력행위 발생 경위와 관련하여 원고의 행위를 참작하겠다는 취지로 답하였을 뿐이다.

3) 따라서 이 사건 처분은 학교폭력예방법이 정한 절차를 준수하지 않은 절차적 하자가 존재하므로 위법하다. 한편, 피고는 원고의 행위를 '신고'가 아닌 '인지' 절차에 따라 학교폭력 관련 법령에 의해 처리하였다고 주장

하나, 그러한 사정만으로는 학교폭력예방법상 요구되는 의견진술 기회 부여 등 절차들을 생략할 근거가 될 수 없으므로, 피고의 위 주장은 이유 없다.

이처럼 절차상 하자와 관련한 문제는 법률 개정 이후에는 주로 위와 같은 사전통지의무위반과 처분이유제시의무위반이 문제되므로, 위와 유사한 사안의 경우에는 행정소송 제기시 이러한 절차적 하자를 집중적으로 살펴볼 필요가 있다.

6-4. 실체상 하자 : 학교폭력에 해당하는지 여부(위 4. 학교폭력의 개념상 학교폭력인지 문제되는 사례들 참조)

학교폭력예방법상 학교폭력에 해당하는 지 여부에 관하여는 행정심판·행정소송에서 실체적 하자의 문제에 해당하는데, 위 4. 항에서 먼저 다루었으니 해당 내용을 참조하시기 바란다.

이렇게 학교폭력행위의 존재 여부에 관한 다툼에 대하여, 유일한 증거인 증언의 신빙성 문제를 이유로 학교폭력행위가 존재하지 않는다는 취지의 판시를 한 사례를 소개한다.

判例

① 원고가 이 사건 발언을 했음을 뒷받침하는 증거로는 피해학생과 I의 진술만이 존재한다. 그런데 피해학생이 작성한 확인서는 '6월 12일날 등굣길에 OO의 절친인 OO이 저에게 OO이 너보고 소시오패스래 라고 놀리며 웃었고 저는 충격과 마음의 상처를 받았다', 'OO과 같은 반 OO이 OO이 교실에서 친구들에게 저를 소시오패스고, 사이코패스, 살인미수자라고 놀리면서 웃으며 얘기했고 몇몇 친구들은 동조하며 웃었다는 말에 충격과 마음의 상처를 크게 받았다'는 내용인 사실이 인정되는바, 위 인정사실에 비추어보면 피해학생은 원고로부터 이 사건 발언을 직접 들은 것이 아니라 친구를 통해 원고가 피해학생에 대해 이 사건 발언을 했다는 말을 전해들은 것에 불과한 것으로 보인다.

② 한편, 선행사건에서 피해학생은 피고로부터 원고에 대한 서면사과처분 등을 받고 이에 대해 행정심판청구, 행정소송 제기 등 법적 절차를 거친 사실이 인정되는바, 이러한 과정을 거치면서 원고와 피해학생 간 관계는 매우 악화되었을 것으로 보인다. 이러한 점은 피해학생의 진술의 신빙성을 약화시키는 부분이다.

③ 또한, 원고가 이 사건 발언을 했음을 목격했다고 주장하는 I은 '원고와 통화할 때 원고가 이 사건 발언을 하는 것을 친구들과 선생님이 다 못들었다고 해서 어쩔 수 없이 그럼 내가 잘못 들은거겠네라고 말했다'는 취지의 진술서를 작성한 사실이 인정되는바, 유일한 목격자인 I 역시 원고가 이 사건 발언을 했는지 여부에 대해 일관성 있는 진술을 하고 있다고 보기 어렵다.

④ 특히, 갑 제7, 10호증의 각 기재에 의하면 I은 원고에 대해 막말을 해서 담임선생님으로부터 지도를 받고 원고에게 사과를 한 사실, 원고와 I은 피해학생과의 문제와 관련하여 서로 감정적이고 공격적인 대화를 나눈 사실

이 각 인정되는바, 위 인정사실에 비추어보면 원고와 I 사이의 관계가 좋지 않았다고 보인다. 이러한 점은 원고가 이 사건 발언을 했음을 증언하는 유일한 목격자인 I의 진술의 신빙성을 약화시키는 부분이다.

⑤ 원고가 주변 친구들과 주고 받은 메시지를 보면 주변 친구들은 원고가 이 사건 발언을 하는 것을 들은 적이 없다고 진술하고 있는 사실이 인정되는바, 앞에서 살펴본 피해학생과 I의 진술만으로는 원고가 이 사건 발언을 하였다고 단정하기 어렵다

또한. 고의인지 과실인지가 문제된 사례에서 고의가 입증되지 않아 고의로 뺨을 때렸다고 인정하기 어려워 학교폭력이 아니라는 이유로 서면사과 처분을 취소한 사례가 있다.

判 例

광주지방법원 2021. 5. 20. 선고 2020구합***** 판결

1) 이 사건 처분의 처분 사유는 위 '학교폭력 사안 조사 보고서'(을 제4호증)에 기재된 행위(이하 '이 사건 행위'라 한다)에 관하여 원고에게 구 학교폭력예방법 제17조 제1항 제1호의 의하여 서면 사과 처분을 하는 것인바, 위 '학교폭력 사안 조사 보고서'에 기재된 내용 자체가 원고의 행위를 일의적으로 특정하지 않고 당사자들의 주장 및 진술들을 단순히 나열하고 있고(위 보고서의 앞부분은 일응 원고가 고의적으로 정○○의 볼을 때렸다는 취지로 볼 수도 있으나, '고의성' 부분은 원고가 팔을 돌리던 중 실수로 정○○의 볼을 건드렸다는 취지로도 볼 수 있다), 이 사건 처분의 조치 결정 통보(갑 제4호증)에서도 원고가 어떠한 행위를 한 것인지 명확하게 특정하지 않고 있다.

2) 먼저 이 사건 처분의 대상이 되는 행위를 '원고가 고의로 정○○의 뺨을 때린 행위'로 보는 것을 전제로 살펴본다. 앞서 본 사실관계와 앞서 든 증거들 및 변론 전체의 취지를 종합하여 인정되는 아래와 같은 사정들에 비추어 보면, **피고가 제출한 증거들만으로는 원고가 고의로 정○○의 뺨을 때렸음을 인정하기에 부족하고, 달리 그와 같이 볼 만한 증거가 없다. 따라서 이 경우 이 사건 처분의 처분 사유가 존재하지 않아 이 사건 처분은 위법하다.**

① 이 사건 행위에 관한 조사는 이 사건 행위가 있었던 때로부터 약 6개월 가량 지난 시점에 이루어졌는데, 이 사건 행위와 관련된 증거는 직접증거로서 피해자인 정○○의 진술과 목격학생들의 진술들, 그리고 간접증거로서 그 진술들을 정리한 보고서 외에는 다른 증거가 없다.

② 위 '학교폭력 사안 조사 보고서'에는 목격학생 5명이 원고가 정○○의 볼을 치거나 건드렸다고 진술하였다고 기재되어 있으나, 위 '볼을 치거나 건드렸다'는 부분이 고의에 의한 것인지 과실에 의한 것인지 명확하지 않다. 오히려 위 보고서에 기재된 3학년 김○○, 4학년 이○○의 각 목격진술에 의하면 "손을 뻗었는데 정○○ 오빠가 그 자리에 있어서 뺨을 맞았다", "원고는 모르고 손을 흔들다가 손가락 끝으로 정○○의 볼을 건드렸다"라는 것이어서 원고의 행위를 과실에 의한 것으로 의심할 만한 내용이 존재한다. 나아가 나머지 3명인 4학년 위○○, 김○○, 정○○의 목격진술서(을 제2호증)에 의하더라도 '실수로', '원고가 정○○의 볼을 실수로 쳐서' 등으로 기재되어 있을 뿐이다. 위 목격학생들이 모두 원고의 편을 들어 원고에게 유리하게 진술한 것은 아닌지에 관하여도 이 사건 기록에 나타난 자료들만으로는 그러한 정황이 엿보인다고 보기도 어렵다.

③ 정○○의 진술에 관하여도, 정○○과 그 부모의 최초 신고는 '배가 나왔다고 놀리고 때렸다'는 것인데, 정○○이 작성한 진술서(을 제2호증)에 의하면 '내가 얼굴을 들이댔었는데 원고가 뺨을 때렸다'는 것이어서 상호 불일치하는 부분이 있고, 다른 목격자들의 진술에서 정○○이 얼굴을 들이댔다는 내

용은 발견되지 않으며, 원고가 뺨을 때렸다는 부분도 원고의 변소에 비추어 볼 때 고의에 의한 것인지 과실에 의한 것인지 명확하지 않다.

④ 원고는 이후 정○○에게 사과를 한 것으로 보이나, 2019년 애플데이(사과데이) 때 원고가 정○○에게 건네준 롤링 페이퍼는 '놀린 행위'에 대하여 미안하다는 내용이고, 한편 과실로 인한 행위라도 그에 대하여 사과하는 경우가 있을 수 있으므로, 위와 같은 사과 행위가 있었다는 것만으로 원고의 행위가 고의적인 것으로 추인된다고 보기도 어렵다.

⑤ '학교폭력 사안 조사 보고서'의 '고의성' 란에도 "남○○ 학생과 목격학생들의 진술로 보아 다이빙을 하기 위해 줄을 서서 몸을 풀던 중 팔을 휘두르다 정○○의 볼을 건드린 상황으로 보임"이라고 기재되어 있는바, 위 조사를 담당한 담당자도 이 사건 행위를 고의적으로 뺨을 때린 행위로 파악하지는 않았던 것으로 볼 수 있다.

⑥ 2020. 9. 3. 열린 학교폭력대책심의위원회의 회의록(을 제8호증)에서도, 학교폭력 해당 여부에 관하여 "일부러 한 것은 아니지만 피해학생이 피해라 느낀다면 학교폭력"이라는 점이 이 사건 행위를 학교폭력으로 보는 이유 중의 하나가 되었던 것으로 보이는바, 이는 이 사건 행위가 고의에 의한 행위가 아님을 전제로 한 것으로 보인다.

⑦ 정○○은 특수학생(원고 등 일반학생과 같은 반에 편성되어 생활하고 있는 것으로 보인다)으로서 보호의 필요성이 높고 그 진술의 신빙성을 배척함에 있어서는 더욱 신중하여야 할 필요성이 높다고 볼 수 있으나, 위와 같은 여러 사정들을 고려할 때 명확한 증거 없이 그러한 점만으로 원고의 고의적인 폭행 행위를 곧바로 추단할 수 있게 된다고 보기는 어렵다.

3) 다음으로 이 사건 처분의 대상이 되는 행위를 '원고가 과실로 정○○의 뺨에 손이 닿은 행위'로 보는 것을 전제로 살펴본다.

① 앞서 본 법리에 비추어 볼 때 어떠한 행위를 학교폭력으로 단정짓는 것은 신중하여야 하는 점, ② 구 학교폭력예방법 제2조 제1호는 학교폭력을 '학교

내외에서 학생을 대상으로 발생한 상해, 폭행, 감금, 협박, 약취·유인, 명예훼손·모욕, 강요·강제적인 심부름 및 성폭력, 따돌림, 사이버 따돌림, 정보통신망을 이용한 음란·폭력 정보 등에 의하여 신체·정신 또는 재산상의 피해를 수반하는 행위'로 규정하고 있는바, 여기에서 폭행은 상해, 감금, 협박 등 열거된 다른 예시들에 비추어 볼 때 형법상의 폭행개념을 상정하고 있다고 보아야 하고 이는 고의를 전제로 하고 있는 점, ③ 위 규정의 형식상 학교폭력은 위에 열거된 예시적 행위 외에 다른 행위들도 포함하나, 이는 적어도 열거된 행위들에 준하는 행위여야 하는바, 그 열거된 예시적 행위의 과실범이 모두 포함된다고 보기는 어려운 점, ④ 통상적으로 사용되는 '학교폭력'의 개념도 고의적인 행위를 주로 염두에 두는 것으로 볼 수 있는 점 등을 종합하여 보면, 폭행에 의한 학교폭력은 원칙적으로 고의에 의한 폭행만 이에 해당하고 과실에 의한 것은 포함하지 않는다고 봄이 타당하다.

따라서 이 사건 처분의 대상이 되는 행위를 '원고가 과실로 정○○의 뺨에 손이 닿은 행위'로 본다면 이는 학교폭력에 해당한다고 볼 수 없으므로, 이 경우에도 이 사건 처분의 처분 사유가 존재하지 않아 이 사건 처분은 위법하다.

6-5. 실체상 하자 : 재량권의 일탈 남용 및 그 외

재량권의 일탈 남용이란 징계권자가 재량권의 행사로서 한 징계처분이 사회통념상 현저하게 타당성을 잃어 징계권자에게 맡겨진 재량권을 남용한 것이라고 인정되는 경우를 의미하며, 이러한 경우 그 처분에 대해 위법하다고 본다.

대법원은 이러한 재량권 일탈 남용에 대한 심사는 사실오인, 비례·평등의 원칙 위배, 당해 행위의 목적 위반이나 동기의 부정 유무 등을 판단 대상으로 한다고 보고 있다.

따라서, 심의위원회에서 다수의 행위에 대해 학교폭력이 인정된 사안에 대해 일부가 학교폭력이 아닌 것으로 밝혀지는 경우, 그 인정되지 아니한 일부에 대한 행위까지 고려하여 징계의 양을 정하였을 것이므로, 이러한 경우 대부분 재량권의 일탈·남용사례에 해당하게 된다.

判例

서울행정법원 2021. 7. 23. 선고 2021구합***** 판결

나) 행정청의 재량행위라 하더라도 사실오인 등에 근거하여 이루어졌거나 비례의 원칙 또는 평등의 원칙 등에 위배되는 경우에는 재량권을 일탈·남용한 것으로서 위법하게 되므로 그 취소를 면치 못한다 할 것인바(대법원 2008. 12. 11. 선고 2007두18215 판결 등 참조), **행정청이 처분사유가 일부 부존재함을 간과하여 사실을 오인하고 이러한 잘못된 사실인정을 기초로 하여 처분을 하였다면, 나머지 존재하는 처분사유만으로도 당해 처분이 재량권을 일탈·남용한 것이라고 할 수 없는 특별한 사정이 없는 한, 그 처분은 재량권을 일탈·남용한 것으로서 위법**하다.

2) 이 사건에 관하여 보건대, 앞서 본 인정사실과, 앞서 든 증거에 변론 전체의 취지를 종합하여 인정되는 다음과 같은 사정들을 종합하면, 이 사건

처분은 재량권을 일탈·남용한 것으로서 위법하여 취소되어야 하므로, 원고의 이 부분 주장은 이유 있다.

가) 앞서 본 바와 같이 이 사건 처분사유 중 이 사건 행위 외에 원고가 '2020. 4. 1.부터 2020. 6. 3.경까지 피해학생이 홍보영상을 올린 유튜브에 10여 명의 학생들과 함께 G, H 역대 대통령을 소재로 한 부적절한 댓글을 게시하였다'는 부분은 적법한 처분사유로 인정되지 않음에도, 피고는 이와 달리 이 사건 처분내용 전부가 인정됨을 전제로 하여 이 사건 처분의 내용을 결정하였다.

나) 비록 심의위원회에서 원고가 학교폭력을 저지른 기간이 길지 않았다고 보아 지속성 항목에서 '0점'을 부여하기는 하였지만, 위와 같이 약 두 달간의 기간 동안 부적절한 댓글을 게시한 행위를 포함하여 원고의 학교폭력 행위의 심각성 및 고의성 등에 관한 평가가 이루어졌는데, 이 사건 처분사유의 전체 내용 중 위 부분이 차지하는 비중이 결코 작지 않으므로, 이를 제외한 나머지 사유만으로도 원고에 대해 같은 내용의 처분이 이루어졌을 것이라고 단정할 수 없고, 원고가 한 행위에 비해 과중한 처분이 내려졌다고 볼 여지가 있다.

다) 피고가 제출한 증거에 의해 밝혀진 원고의 댓글 작성 내용이나 빈도 등이 다른 학생들의 행위와 비교해 볼 때 큰 비중을 차지한다고 보이지는 않는다. 원고는 자신이 도네이션으로 연결한 동영상의 의미를 잘 몰랐다고 주장하고 있고, 특별히 그 영상의 의미까지 생각하여 피해학생을 모욕하려는 의도는 없었던 것으로 보인다.

라) 원고의 이 사건 행위는 2020. 6. 3.경 이루어진 것인데, 피해학생은 2020. 4. 8.경부터 이미 정신의학과 상담을 받고 있었는바, 피해학생이 겪은 심각한 정신적 고통이 모두 원고의 책임이라고 볼 수는 없다.

마) 원고는 피해학생이 게시한 글을 보고 피해학생이 기분이 상했었다는 사실을 인지한 후 곧바로 피해학생에게 자신이 한 행위였음을 스스로 밝히

면서 사과하였다.

바. 소결론

이 사건 처분은 일부 처분사유가 인정되지 않고, 나머지 적법한 처분사유로 인정되는 원고의 이 사건 행위의 내용과 경위 등 제반 사정에 비추어 이 사건 처분의 조치 내용은 과중하여 재량권을 일탈·남용한 것이므로 위법하여 취소되어야 한다.

判 例

서울행정법원 2022. 10. 6. 선고 2021구합*** 판결**

2) 재량권 일탈·남용 여부

(중략)

나) 앞서 본 바와 같이 이 사건 제1, 2, 4, 5 처분의 처분사유 중 원고의 행위가 구체적으로 특정되지 않았고, 이 사건 행정심판에서 인정한 이 사건 제3, 4 처분의 처분사유 중 "ㄸ먹을련이래" 발언을 제외한 나머지 부분 전체가 처분사유로 인정되지 아니하며, 피고가 을 제6호증으로 제출한 이 사건 단체채팅창 발언 중에서 원고가 발언한 부분이 특정되지 아니하여 이 사건 각 처분사유 중 인정되는 것은 "ㄸ먹을련이래" 발언뿐인바, 이 사건 각 처분은 그 전제가 되는 처분사유의 대부분이 인정되지 아니하는 관계로 피고가 다시 재량권을 행사하여 원고에 대한 조치결정을 하여야 하고, 위발언만으로 원고에게 '전학'의 조치결정을 하는 것은 지나치게 가혹하여 재량권의 한계를 일탈·남용하였다고 보인다. 원고의 이 부분 주장은 이유 있다.

判 例

그러나 앞서 본 사실 및 증거들에 갑 21호증의 기재와 변론 전체의 취지를 보태어 인정할 수 있는 다음과 같은 사정들을 종합하면, 원고의 피해학생에 대한 접촉으로 인한 이 사건 긴급조치 위반행위는 그 심각성이나 지속성, 고의성 등에 비추어 볼 때 전학 처분이 필요한 아주 무거운 수준의 학교폭력에 해당한다고 보기 어렵다. 피고가 원고에게 한 전학 처분은 지나치게 가혹하여 비례원칙에 위반한바, 재량권을 일탈·남용하여 위법하다.

(1) 원고가 이 사건 긴급조치를 위반하여 여러 차례 피해학생을 접촉하기는 하였으나, 그중 일부는 피해학생의 적극적인 요청에 따라 상호 접촉이 이루어졌고, D중학교장은 이러한 사정을 감안하여 2021. 5. 28. 원고와 피해학생 모두에게 접촉금지의무를 부과하였다.

(2) 당초 이 사건 긴급조치를 통해 원고에게 피해학생에 대한 접촉금지의무를 부과한 취지는 성폭력이나 협박 등 추가적인 가해행위를 차단하기 위한 것인데, 원고는 피해학생과 메신저 어플리케이션으로 대화를 주고받거나, 한강에서 만나거나, 같이 식사를 하거나, 초콜릿을 전달하였을 뿐 피해학생에 대해 재차 학교폭력을 행사한 것은 아니어서 의무위반으로 인한 비난가능성이 비교적 크지 않다.

(3) 이 부분 처분사유 기간(2021. 5. 4.부터 2021. 5. 27.까지)은 피고가 원고에게 이 사건 제1처분을 부과하기 전으로, 원고는 이 당시 본인 행위의 위법성을 제대로 인식하지 못하였던 것으로 보인다.

(4) 원고의 피해학생에 대한 성폭력과 협박으로 인한 학교폭력에 대하여는 앞서 출석정지 등 조치가 이미 이루어졌으므로 이 부분 처분에 관한 징계양정을 정함에 있어 앞서 있었던 학교폭력 부분을 이중으로 반영하는 것은 적절치 않다. 앞서 본 접촉금지의무 위반의 경위, 접촉과정에서 다른 가해

행위가 없었던 사정 등에 비추어 보면 접촉금지의무 위반을 이유로 원고에게 학교폭력예방법이 정한 가장 무거운 조치 중 하나인 전학 처분을 부과하는 것은 지나치게 가혹해 보인다.

다. 소결

피고의 이 사건 제2처분은 그 처분사유는 인정되나, 그중 원고에게 전학을 명한 부분은 재량권을 일탈·남용하여 위법하므로 취소되어야 한다.

아래 판결 또한 심의위원회에서 학교폭력으로 본 발언들 중 일부 발언만 학교폭력으로 인정되었고 나머지는 학교폭력으로 인정되지 않은 사례인데, 전학처분에 대하여 '전학처분은 가해학생과 피해학생이 같은 학교임을 전제로 가해학생과 피해학생을 분리하기 위한 것인데, 가해학생과 피해학생은 다른 지역에 살고 있고 학교도 달라 전학처분은 그 목적에 부합하지 않는다'는 판결을 하여 아래와 같이 소개한다.

判 例

부산지방법원 2022. 5. 12. 선고 2021구합***** 판결

2) 앞서 든 각 증거들과 변론 전체의 취지를 종합하여 알 수 있는 다음과 같은 사정들을 앞서 본 관련 법령의 내용과 취지에 비추어 보면, 이 사건 심의위원회의 의결은 기본 판단요소인 사실인정에 중대한 오류가 있고, 이를 기초로 한 피고의 이 사건 처분은 사회통념상 현저하게 타당성을 잃을 정

도로 원고에게 지나치게 가혹하여 비례의 원칙 등에 위반하여 그 재량권의 범위를 일탈하거나 재량권을 남용한 것으로 봄이 타당하다. 따라서 이 사건 처분 중 전학처분은 위법하므로 취소되어야 한다.

① 이 사건 심의위원회는 원고에 대하여 학교폭력의 '심각성'을 매우 높음 (4점), '지속성'을 높음(3점), '고의성'을 매우 높음(4점), '반성정도'를 낮음(3점), '화해정도'를 보통(2점)으로 보고, 총 판정점수를 16점으로 배점 하였고, 이는 이 사건 고시 규정상 '전학' 사유에 해당한다. 그러나 앞서 본 바와 같이 이 사건 처분의 정당한 사유는 원고가 2021. 2. 5. E의 가슴 크기와 관련한 성적 발언을 한 사실에 한정되는데, 이 사건 심의위원회는 이 사건 처분의 이유 모두를 사실로 인정하여 의결을 하였다.

② 원고가 2021. 2. 5. E의 가슴 크기와 관련한 성적 발언을 한 것은 그 심각성이나 지속성, 고의성 등에 비추어 볼 때 전학 처분이 필요한 아주 무거운 수준의 학교 폭력에 해당한다고 보기는 어렵다(한편, 원고가 E에 대한 모욕과 명예훼손을 이유로 부산가정법원으로부터 보호처분을 받은 사실은 앞서 본 바와 같으나, 이 사건 처분의 이유에는 위 행위들이 포함되어 있지 않다).

③ 전학 처분은 가해학생과 피해학생이 같은 학교임을 전제로 가해학생과 피해학생을 분리하기 위한 것인데, 원고와 E은 다른 지역에 살고 있고, 학교도 달라 원고에 대한 전학 처분은 그 목적에 부합하지 않는다.

또한, 원칙적으로 학교폭력이 아님이 인정되는 경우에는 재량권 일탈 남용을 별도로 판단하지 않는 것이 통상적이나, 예외적으로 아래 사례와 같이 가정적으로 재량권 일탈 남용을 별도로 법원에서 판단한 사례가 있어 소개한다.

창원지방법원 2022. 6. 15. 선고 2022구단***** 판결

(2) 앞서 든 각 증거들과 변론 전체의 취지를 종합하여 알 수 있는 다음과 같은 사정들을 앞서 본 관련 법령의 내용과 취지에 비추어 보면, 이 사건 심의위원회의 의결은 기본 판단요소에 중대한 오류가 있고, 이를 기초로 한 이 사건 처분은 사회통념상 현저하게 타당성을 잃을 정도로 원고에게 지나치게 가혹하여 그 재량권의 범위를 일탈하거나 재량권을 남용한 것으로 볼 수 있으므로 위법하다.

① 이 사건 심의위원회는 원고에 대하여 학교폭력의 '심각성'(높음)을 2점, '지속성'(낮음), '고의성'(낮음), '반성정도'(높음)를 각 1점, '화해정도'(매우 높음)을 0점으로, 총 판정점수를 5점으로 배점하였고, 이는 이 사건 고시 규정상 '학교에서의 봉사'(제3호) 사유에 해당한다.

1) 그러나 앞서 본 바와 같이 이 사건 심의위원회는 피해학생 ①은 폭행 등의 방조행위로 인한 피해자로, 피해학생 ②는 동영상 촬영으로 인한 인격권 피해자로 각 파악하였으면서도, 위 판정점수 배점에서는 피해학생 ②는 사실상 피해자로 평가하지 않은 것으로 보이는바, 이러한 판단에는 조치결정 내용과 일치하지 않는 잘못이 있다.

2) 또한 이 사건 심의위원회는 피해학생 ①이 8주 이상의 상해를 입게 되었다는 이유로 학교폭력의 '심각성'을 보통(2점)이라고 판단하였는데, 앞서 본 바와 같이 원고가위 피해학생의 요청으로 동영상 촬영 및 녹음을 하는 행위를 피해학생 ②의 피해학생 ①에 대한 상해행위에 대한 방조로서 평가할 수는 없을 뿐만 아니라, 가사 그와 같이 평가한다 하더라도 여기에서의 학교폭력의 판정점수는 원고의 행위인 동영상 촬영 시도 및 녹음 행위 기준으로 배정해야 할 것인데, 피해학생 ②의 상해 행위의 학교폭력 '심각성'

을 '높음'(3점)으로 평가하면서 원고의 행위를 바로 아래 단계인 '보통'(2점)으로 평가해야 하는지 매우 의문이다.

② 한편, 이 사건 조치로 이 사건 처분으로 달성하고자 하는 이익, 즉 가해학생인 원고에 대한 선도·교육을 통하여 원고를 건전한 사회구성원으로 육성하려는 공익이 인정된다 할 것이나, 이 사건 처분으로 인해 원고가 입게 될 불이익에 비해 중대하다고 볼 수 있는지 역시 의문이다.

특히 주된 피해자이자 원고의 친한 친구이기도 한 피해학생 ①과 그 부모들이 이 사건으로 인하여 원고에 대한 이 사건 의결이 이루어지게 된 점에 대하여 원고에게 사과를 하고 있고, 원고의 녹음물이 이 사건 싸움의 정황이 밝혀지는 데 일부나마 기여하였던 점, 반면, 이 사건 심의위원회가 이 사건 싸움을 조장하면서 피해학생 ①을 놀리는 메시지를 보내는 등 이 사건 싸움의 근본적인 원인을 제공하였던 학생들에 대하여는 대화상대방이 특정될 수 없다는 등의 이유를 들어 모두 '조치없음' 의결을 한 점 등을 감안할 때 더욱 그러하다.

그리고, 학교폭력행위 자체는 인정되나 재량권 일탈·남용을 인정하여 심의위원회의 처분을 취소한 판결사례들을 아래와 같이 소개한다.

判 例

수원지방법원 2022. 10. 20. 선고 2021구합***** 판결

나) 위 법리에 비추어 이 사건에 관하여 보건대, 앞서 든 증거 및 변론 전체의 취지에 의하여 인정되는 다음과 같은 사정을 고려하면, 이 사건 처분은

비례원칙에 위반되어 재량권의 한계를 일탈·남용하였다고 봄이 타당하다. 따라서 원고의 이 부분 주장은 이유 있다.

① 이 사건 심의위원회는 이 사건 심의대상사실이 중학교 1학년 때의 학교폭력 사건의 연장선이라거나 두 학생 간의 갈등과 힘의 불균형 등에서 지속되어 온 괴롭힘이라고 보아 지속성을 '높음'으로 평가하였다. 그런데 위 회의 당시 중학교 1학년 때의 학교폭력 사건의 내용 및 경위, 조치결정의 내용, 중학교 3학년 때 발생한 이 사건 심의대상사실과 중학교 1학년 때 발생한 위 학교폭력 사건의 관계 등에 관한 구체적인 논의가 이루어지지 않은 것으로 보이고, 이에 관한 자료도 이 사건 소송에 제출되지 않았다. 당초 2021. 4. 2.에 있었던 이 사건 심의대상사실을 징계하기 위해 개최된 위 회의에서 앞선 다른 학교폭력 사건의 경위와 내용 등을 구체적으로 살펴보지 않은 채 이를 학교폭력의 지속성이 '높다'는 사정으로 평가하는 것은 타당하다고 보기 어렵다.

② 이 사건 심의위원회는 원고가 집요하게 사과를 요구한 행위나 친구들로부터 의도적으로 목격 진술 등을 받아낸 점 등을 들어 고의성을 '매우높음'으로 평가하였다.

그러나 원고는 E과 원고의 어깨가 부딪힌 상황이나 E으로부터 폭행이 시작된 상황이 이 사건의 우발적 동기가 되었다고 주장하고 있고, 원고의 주장에 부합하는 친구들의 사실확인서를 유리한 자료로 제출하였는바, 이와 같이 목격자 진술을 받았다는 사정을 고의성의 판단근거로 삼을 수 없다.

③ 학교폭력 가해학생 조치별 적용 세부기준 고시 [별표]에 의하면 16~20점을 전학 처분의 기준으로 정하고 있고, 이 사건 심의위원회는 원고에 대한 점수를 17점으로 산정하였는데, 위와 같은 사정을 고려하면 이 사건 심의대상사실에 대하여 전학 처분의 기준이 되는 16점 이상이 나오기는 어려워 보인다.

청주지방법원 2021. 9. 16. 선고 2021구합*** 판결**

나) 위 법리에 비추어 이 사건을 보건대, 앞서 본 증거들에 변론 전체의 취지를 더하여 인정되는 다음과 같은 사정 등을 고려해 보면, 이 사건 처분은 비례의 원칙 등에 위반하여 재량권을 일탈·남용한 것으로서 위법하므로 취소되어야 한다.

(1) 심의위원회는 원고가 이 사건 각 행위를 모두 하였고, 이 사건 각 행위가 구 학교폭력예방법에 따른 학교폭력에 해당한다고 판단하였다. 이에 이 사건 각 행위의 심각성을 보통(2점), 지속성을 없음(0점), 고의성을 높음(3점), 반성정도 낮음(3점), 화해정도 없음(4점)으로 인정하여 학교폭력 가해학생 조치별 적용 세부기준 고시 [별표] 학교폭력 가해학생 조치별 적용 세부 기준상 점수 합계 10~12점에 해당하는 출석정지 5일을 의결하였다. 그런데 앞서 본 바와 같이 D교육청 행정심판위원회에서는 이 사건 각 행위 중 ② 행위만이 인정됨을 이유로 하여 학교폭력 가해학생 조치별 적용 세부기준 고시 [별표] 학교폭력 가해학생 조치별 적용 세부 기준상 점수 합계 7~9점에 해당하는 사회봉사 15시간 처분으로 변경하는 재결을 내렸다.

(2) 심의위원회 회의록에 의하면 이 사건 각 행위 중 ① 행위에 대하여 중점적으로 심의가 이루어 진 것으로 보이는데, 이에 의하면 심의위원회는 이 사건 각 행위 중 ① 행위를 더 중한 행위로 인식하고 심의·의결을 한 것으로 보인다. 이후 D교육청 행정심판위원회에서는 ① 행위에 비해 경한 ② 행위만을 인정하면서 출석정지 처분에서 한 단계가 경감된 사회봉사 처분을 하였는데, 원고의 행위 중 ①, ② 행위가 차지하는 각 비중, 위법성의 정도 등을 고려해 보면, 원고가 한 행위에 비해 과중한 처분이 내려졌다고 볼 여지가 있다.

(3) 인정된 ② 행위에 관하여 학교폭력의 심각성, 고의성 및 지속성 정도에 관하여 살피건대, (가) 이 사건 카카오톡 내용은 원고 및 도서부의 운영방식 등에 대한 비난이 대부분인데, 도서부 회장인 원고로서는 F으로부터 이 사건 카카오톡 내용을 주고받은 후 도서부 부회장인 H에게 그 불만을 토로하는 과정에서 이 사건 카카오톡 내용을 캡처하여 보내게 된 점, (나) 도서부 회장인 원고가 도서부 부회장인 H에게 이 사건 카카오톡 내용을 전달하는 행위는 도서부 임원들 간의 정보공유에 해당된다고 볼 여지도 있으므로 원고가 H에게 이 사건 카카오톡 내용을 캡처해서 보냈다는 것만으로 그 비난가능성이 크다고 보기 어려운 점, (다) 원고와 H가 주고받은 카카오톡 내용을 보더라도 원고가 F으로부터 이 사건 카카오톡 내용을 받아 힘들다고 하면서 이번 일은 넘어가자는 취지로 말하기도 한 점, (라) 원고의 행위는 1회로 그친 점 등을 고려해 보면, 심각성 및 고의성의 정도는 없거나 낮고, 지속성의 정도는 없는 것으로 보인다.

(4) 다음으로 가해학생의 반성정도 및 화해정도에 관하여 살피건대, 심의위원회에서 반성정도를 낮음(3점), 화해정도 없음(4점)으로 평가하였던 이유는 심의위원회에서 인정된 ① 행위에 대하여 원고가 이를 인정하지 않은 점, 그로 인해 원고가 F에게 사과를 하지 않은 점 등이 주요한 고려요소였던 것으로 보인다. 그러나 앞서 본 바와 같이 원고가 ① 행위를 하였다는 부분은 처분사유에서 제외된 점, 원고가 ② 행위를 한 사실에 대해서는 이를 인정하고 있는 점, 인정된 원고의 행위의 내용이 달라졌으므로 이에 따라 화해의 정도도 달라질 수 있는 점 등을 고려해 보면, 반성정도는 높은 것으로 보이고, 화해정도가 없다고 보기도 어렵다.

(5) 원고가 이 사건 카카오톡 내용을 H에게 전달한 행위와 H가 이 사건 카카오톡 내용을 도서부 부원들이 참여하고 있는 카카오톡 단체채팅방에 올린 행위를 비교해 볼 때, 전자의 행위가 후자의 행위보다 위법성의 정도가 더 크다고 보기 어렵다. 그럼에도 불구하고 H는 서면사과 처분을 받은 것

으로 보이는 반면, 원고는 사회봉사 15시간 처분을 받았다.

서울고등법원 2022. 1. 13. 선고 2021누*** 판결**

2) 구체적 판단

이 사건에 관하여 보건대, 앞서 본 인정사실과, 앞서 든 증거에 변론 전체의 취지를 종합하여 인정되는 다음과 같은 사정들을 종합하면, 이 사건 처분은 재량권을 일탈·남용한 것으로서 위법하여 취소되어야 하므로, 원고의 이 부분 주장은 이유 있다.

가) 비록 원고의 이 사건 행위가 다른 학생들의 행위와 함께 이루어지면서 이 사건 방송을 방해하여 피해학생으로 하여금 정신적 피해를 입게 하였으나, 원고가 게시한 댓글은 5개로 피해를 유발한 행위 가운데 큰 비중을 차지한다고 보기는 어렵다. 원고는 이 사건 문화에 따른 행동을 과도하게 하였으나, 그 과정에서 피해학생을 모욕하려는 의도가 있었다고 보기는 어렵다.

나) 원고의 이 사건 행위는 2020. 6. 3.경 이루어진 것인데, 피해학생은 2020. 4. 8.경부터 이미 정신의학과 상담을 받고 있었는바, 피해학생이 겪은 심각한 정신적 고통이 전적으로 원고의 책임이라고 볼 수는 없다.

다) 원고는 이 사건 방송 후 며칠이 지나 피해학생이 익명으로 댓글을 작성한 사람을 찾는 내용의 글을 게시하자, 피해학생이 기분이 상했었다는 사실을 인지한 후 곧바로 피해학생에게 자신이 한 행위였음을 스스로 밝히면서 사과하였다. 원고의 모친도 이를 알게 된 이후 피해학생의 모친에게 사과하였다.

라) 이 사건 처분은 구 학교폭력예방법 제17조 제1항 제4호 처분을 포함하고 있는데, 이는 초·중등교육법 시행규칙 제21조 제1항 제3호 등에 따라 학교생활기록부에 기재되게 되는 정도의 중한 처분에 해당한다.

바. 소결론

이 사건 처분의 처분사유는 인정되나, 원고의 이 사건 행위의 내용과 경위 등 제반 사정에 비추어 이 사건 처분의 조치내용은 과중하여 재량권을 일탈·남용한 것이므로 위법하여 취소되어야 한다.

判 例

수원지방법원 2021. 9. 9. 선고 2020구합***** 판결

2) 앞서 본 증거들과 갑6 내지 9호증의 각 기재 및 변론 전체의 취지를 종합하여 인정되는 다음과 같은 사정들에 비추어 보면, 이 사건 처분 중 전학처분은 이를 통해 달성하고자 하는 피해학생의 보호, 가해학생의 선도 및 교육 등의 공익 목적에 비하여 원고의 불이익이 지나치게 과도하여 재량권을 일탈·남용하였다고 봄이 타당하다. 따라서 이 사건 처분 중 전학처분은 위법하므로 취소되어야 하고, 그 외 처분에 관하여는 원고의 주장을 받아들이지 아니한다.

가) 수원가정법원의 판사가 원고에 대하여 이 사건 비행사실과 보호처분의 필요성 등을 인정하여 보호자 감호위탁 등의 보호처분을 한 사실은 앞서 본 바와 같다. 원고가 피해학생의 명시적인 동의를 얻지 않은 채 성적인 행위 내지 성적 언동을 한 것은 잘못이나, 원고는 이 사건 각 행위를 할 당시 중학생으로서 성인지감수성이 미성숙한 상태였던 점, 원고와 피해학생이 비교적 가깝게 지내온 점, 원고와 피해학생이 주고받은 휴대폰 메시지의 내용 등에 비추어 피해학생이 원고에게 명시적인 거부의사를 표명하였

다고 보기 어려운 측면이 있는 점 등에 비추어 보면 원고의 성폭행 내지 성추행고의의 정도가 높다고 단정하기 어렵다.

나) 원고는 이 사건으로 인하여 피해학생이 정신적 피해를 입은 것을 알게 된 후 깊이 반성하고 있으며 성교육 강의를 이수하는 등 재발방지를 위해 힘쓰고 있다.

다) 학교폭력대책심의위원회는 원고에 대하여 ① 학교폭력의 심각성 : 높음(3점), ② 학교폭력의 지속성 : 매우 높음(4점), ③ 학교폭력의 고의성 : 높음(3점), ④ 가해학생의 반성정도 : 보통(2점), ⑤ 화해정도 : 보통(2점)으로 심의하여 학교폭력 가해학생 조치별 적용 세부기준에 관하여 합계 14점으로 판단한 바 있고, 이는 학교폭력예방법 제17조 제7호의 '학급교체'의 기준에 해당한다. 그러나 위 심의위원회는 피해학생의 보호를 위해 피해학생을 원고로부터 분리하여야 할 필요성을 부가적 판단요소로 고려하여 위 합계 점수에서 조치를 가중하여 전학조치할 것을 의결하였고 피고도 이에 따라 원고에게 전학처분을 하였다. 그러나 피해학생이 이미 원고가 재학 중인 학교에서 전학을 간 것으로 보여 원고와 피해학생 간에 전학을 통한 분리의 필요성이 남아 있다고 볼 수 없고, 본래 학교폭력대책심의위원회의 원고에 대한 심의결과가 '학급교체'의 기준에 해당하였다는 점을 고려하면 원고에 대한 전학처분은 지나치게 가혹한 처분으로 보인다.

라) 전학처분은 퇴학 다음으로 무거운 징계이고 기존에 다니던 학교에서 교육받을 기회 및 기존의 학교에서 이루어 놓은 성과나 교우관계를 박탈하는 것으로 매우 가혹한 처분에 해당하며, 전학처분이 그대로 실현되는 경우 당사자는 단기간에 새로운 교육환경에 적응해야 하는 어려움에 부딪칠 뿐 아니라 학교폭력으로 전학을 온 학생이라는 인식 때문에 새로운 교우들과 건강한 관계를 형성하지 못할 우려가 크다고 봄이 상당하므로, 가해학생의 선도와 교육 및 피해학생과 가해학생 간의 분쟁조정을 위하여 전학처분이 필요한 경우에만 예외적으로 행해져야 할 것인데, 앞서 살펴본 원고

와 피해학생의 관계, 이 사건 처분사유가 된 학교폭력 행위의 발생 경위, 원고의 학교폭력 행위에 대한 고의 정도, 현재 원고와 피해학생 간의 분리 정도 등 제반사정에 비추어 보면 전학처분보다 경한 징계만으로도 원고에 대한 징계목적을 충분히 달성할 수 있을 것으로 보인다.

마) 이 사건 처분 중 전학처분을 제외한 나머지 처분(피해학생에 대한 접촉, 협박 및 보복행위 금지, 특별교육이수 처분)은 앞서 본 바와 같이 이 사건 처분사유로 인정되는 학교폭력의 경위와 그 정도 등에 비추어 비례의 원칙을 위반하는 등 재량권을 일탈·남용한 위법이 있다고 보기 어렵다.

6-6. 재결 자체의 고유한 위법

또한, 피해학생이 청구한 행정심판위원회에서 가해학생에게 전학조치를 추가하는 가중처벌을 한 사례에서, 학교폭력예방법상 가해학생에 대한 처분이 해당 학생이 해당 학교의 학생 신분을 가질 것을 전제로 하는 것으로, 초등학교 재학 중 일어난 일에 대해 중학교 입학 이후 행정심판위원회에서 전학조치를 가중하여 내린 것에 대해 재결자체의 고유한 위법(행정심판위원회의 추가 가중처분)이 있어 위법함을 인정한 사례가 있어 아래와 같이 소개한다.

判 例

나. 이 사건 재결이 학교폭력예방법 제17조에 따라 할 수 있는 조치의 범위를 벗어난 것으로서 위법한지 여부

학교폭력예방법 제17조 제1항 각 호와 관련하여, 가해학생이 졸업하는 경우 위 각 호의 조치가 가능한지 여부와 그 집행 방법에 대하여 같은 법에 별도의 규정이 없기는 하나, 같은 법 제17조 제1항 등의 취지 및 각 조치의 성질상 적어도 학교에서의 봉사(제3호), 출석정지(제6호), 학급교체(제7호), 전학(제8호), 퇴학(제9호) 등은 해당 학생이 해당 학교의 학생이라는 신분을 가질 것을 전제로 하는 것으로 보아야 한다.

이 사건 원처분상 제1 내지 3혐의가 원고가 초등학교 재학 중인 2020년의 것인 사실, 이 사건 원처분은 2020. 11. 26. 이루어졌으나 이에 대한 피고 보조참가인의 행정심판 청구에 따라 이 사건 원처분의 조치에 전학 조치를 추가하는 이 사건 재결이 2021. 5. 24. 이루어진 사실, 한편 원고는 2021년 중학교에 입학한 사실은 앞서 본 바와 같다. 그렇다면 이 사건 재결은 원고의 초등학교 재학 중 학교폭력 사건에 관하여 중학교 재학 시점에서 전학 조치를 하는 것으로서, 위와 같은 전학 조치의 성질에 반하여 위법하다고 보아야 한다.

다. 이 사건 재결이 재량권을 일탈·남용하여 위법한지 여부

설령 위 나항과 달리 본다고 하더라도, 앞서 본 재결의 경위와 앞서 든 증거들, 갑 제5, 8, 10 내지 24호증, 을 제1 내지 3호증의 각 기재 및 변론 전체의 취지를 종합하여 인정되는 다음과 같은 사정들에 비추어 보면, 이 사건 재결은 이 사건 원처분을 변경하여 가중된 조치를 취함에 있어 재량권을 일탈·남용하였다고 봄이 타당하므로, 이 사건 재결이 위법한 것은 마찬가지이다.

1) 아래와 같은 사정들에 비추어 보면, 원고의 제1, 2혐의는 그 행위의 존재가 합리적인 의심이 배제될 정도로 명확히 증명되었다고 보기 어렵거나 이를 학교폭력으로 보기 어렵다고 보아야 한다. 이에 따라 이 사건 원처분 및 이 사건 재결에서 조치의 대상이 되는 행위는 제3혐의인데, 제3혐의만으로는 '학교폭력 가해학생 조치별 적용 세부기준 고시'상 '학교폭력이 지속성'이 있다고 보기 어렵고, 적어도 '매우 높음(4점)'에 해당한다고 보기는 더욱 어렵다. 그렇다면 이 사건 원처분 및 이 사건 재결에서 부여된 학교폭력의 심각성·고의성(각 4점) 및 가해학생의 반성정도와 화해정도(각 2점)에 관한 점수를 그대로 유지한다고 하더라도 판정 점수가 총 16점에 이르지 못하게 된다. 위 고시상 전학 조치를 위하여는 판정점수가 16~20점이 되어야 함을 고려할 때, 원고에게 전학 조치를 추가한 이 사건 재결은 위지침상 기준을 위반한 것이고, 그러한 재량준칙을 벗어날 만한 특별한 사정이 인정되는 경우에 해당한다고 보이지도 않는다.

① 이 사건 처분의 근거가 된 제1 내지 3혐의에 관하여 전남나주경찰서에서 내사가 진행되었고, 피고보조참가인은 2020. 11. 21. 경찰에서 제1 내지 3혐의와 같은 피해를 당하였다고 진술하였으나(갑 제14호증의 2), 원고는 2020. 11. 27. 경찰에서 제3 혐의에 관하여는 대체로 인정하였으나 제1, 2혐의는 부인하거나 폭행이 되지 않는다는 취지로 진술하였다(갑 제16호증의 2). 이에 전남나주경찰서는 나머지 증거들을 종합하여 2020. 12. 28. 제1, 2혐의에 관하여는 증거가 불충분하거나 폭행의 고의가 인정되지 않는다는 이유로 비행사실에 제외하고 제3혐의에 관하여만 비행사실로 인정하여(갑 제12호증의 1) 비행사건을 처리하였고(갑 제12호증의 2), 이에 따라 제3혐의에 관하여만 소년보호사건으로 광주가정법원 소년부에 송치되어 보호처분이 내려졌다(갑 제12호증의 3).

② 학교폭력 사안 접수 및 조사 과정에서도, 2020. 11. 9. 작성된 학교폭력 사안 접수 보고서(갑 제10호증), 2020. 11. 11. 작성된 피해학생 확인서,

피해학생 보호자 확인서(갑 제13호증의 1, 2), 2020. 11. 19. 작성된 상담소견서(갑 제13호증의 3)에는 제1, 2혐의에 관한 언급이 없다. 또한 피고보조참가인 측에 의하여 제1, 2혐의에 관한 신고가 2020. 11. 19. 추가로 이루어진 것으로 보이나, 그 이후 작성된 학교폭력 사안 조사 보고서(갑 제11호증의 1 중 3쪽)에는 제1, 2혐의에 관하여 '영어캠프 기간 중 두 학생 사이에 갈등이 있었음', '2월과 2020학년도 1학기 중에 등굣길에 원고가 피고보조참가인의 자전거를 막아선 적이 있다고 함'이라고 기재되어 있는바, 이것만으로는 제1, 2 혐의가 뒷받침되기 어렵거나 이를 학교폭력으로 보기 어렵다. 나아가 2020. 11. 19. ~ 20. 이루어진 제1, 2혐의에 관한 목격학생 확인서(갑 제15호증의 2)에서는 제1혐의 중제로게임 부분에 관하여 "원고, 피고보조참가인, 나(여학생), 이름을 모르는 다른 남학생 넷이서 제로게임을 했고 ○○는 구경을 하고 있었다. 게임을 할 때 원고가 힘이 세고 잘해서 피고보조참가인이 많이 맞아서 나간다고 했을 때 원고가 붙잡고 '안 할 거면 맞고 나가라'고 했다. 원고가 밝은 성격이고 장난치듯이 말했고, 피고보조참가인의 반응도 가벼운 정도라서 나도 원고의 말에 동조를 했다."라는 기재만 있을 뿐, 나머지 제1혐의 및 제2혐의에 관하여는 별다른 언급이 없다.

③ 원고에 대한 학교폭력대책심의위원회의 회의(갑 제4호증) 및 행정심판위원회 회의(을 제3호증)에서도 주로 제3혐의에 관하여 질의·응답 및 논의가 이루어진 것으로 보이고, 제1, 2혐의 자체에 관하여는 그 인정을 전제로 하여 논의하였을 뿐 그 인정 여부나 근거에 관하여는 구체적 논의가 이루어지지 않은 것으로 보인다.

2) 원고의 제3혐의 자체에 관하여 보더라도, 위 행위는 대체로 원고의 일방적인 폭행 및 재물손괴에 의한 것이기는 하나, 피해학생인 피고보조참가인 본인의 진술서 기재에 의하여 나타나는 당시의 구체적 정황 또한 전혀 고려되지 않아야 한다고 보기는 어렵다. 즉, 피고보조참가인이 2020.

11. 11. 학교에서 작성한 피해학생 확인서(갑 제13호증의 1)에 의하면, 피고보조참가인은 "등굣길에 친구와 같이 계단을 올라가다 원고가 내려오는 것을 보고 원고의 뒷담화를 했는데" 원고가 폭행을 하였다고 기재하였고, 피고보조참가인이 2020. 11. 9. 경찰에서 작성한 피해학생 진술서에 의하면, 피고 보조참가인은 당시 원고에게 "사과할 생각도 없고 사과 받아줄 생각도 없다", "어이없네 꺼져 이 새끼야", "나한텐 사과 안 할 권리 있어", "그냥 둘 다 벌받고 학폭위에 신고할 테니까 사이좋게 엿먹자", "신고할 테니까 꺼지라고"(이상 피고보조참가인이 기재한 피고보조참가인의 당시 발언이다)라고 말하였고, 사건 이후 주위 학생들이 말리면서 "서로 적당히 하라"고 하니까 각자 집으로 갔다고 기재하기도 하였다.

3) 이 사건 원처분의 조치내용은 '학교폭력예방법 제17조 제1항 제1호 피해학생에 대한 서면사과, 제2호 피해학생 및 신고·고발학생에 대한 접촉, 협박 및 보복행위 금지, 제6호 출석 정지 30일, 제3항 학생 특별교육 이수 5시간, 제9항 보호자 특별교육 이수 5시간'인데, 이 사건 재결은 위 조치내용에 더하여 학교폭력예방법 제17조 제8호의 전학 조치를 추가하였다. ① 이 사건 재결이 이 사건 원처분과 동일한 사실인정을 전제로 하여 학교폭력 가해학생에 대한 조치양정에 관한 재량권만을 달리 행사한 것인 점, ② 전학 조치는 위 나머지 모든 조치보다 가장 중한 불이익 조치로서, 이 사건 원처분의 조치와 여기에 전학 처분을 더한 조치는 양자를 비교하여 보더라도 그 조치 정도의 차이가 큰 점, ③ 행정심판 단계에서 이 사건 재결이 원고에 대한 조치를 강화할 필요성이 있다고 하더라도 이는 전학 조치뿐만 아니라 다른 조치들의 가중 등을 통한 방법도 불가능하지 않을 것으로 보이는 점, ④ 학교폭력 사건의 경우 기본적으로 가해학생과 피해학생을 어느 정도 격리시킬 필요성이 있으나, 전학 조치는 단순히 양자를 격리시키는 의미를 갖는 것을 넘어서 가해학생의 잘못에 대하여 제재를 가하는, 징계에 준하는 처분으로서의 의미를 함께 가지므로, 전학 조치의 부과 여부

는 양자의 격리 필요성만으로 판단할 수 없고 학교폭력 사안의 경중 등에 비추어 비례의 원칙에 따라 판단하여야 하며, 그 판단 기준으로 '학교폭력 가해학생 조치별 적용 세부기준 고시'상 판정점수(16~20점)가 존재하는 것인 점 등을 고려하면, 이러한 측면에서도 위와 같은 이 사건 재결의 조치는 과중한 측면이 있다.

라. 취소의 범위

이 사건 재결이 이 사건 원처분의 조치에 전학 조치를 더하여 조치를 한 것은 위와 같이 전학 조치의 성질에 반할 뿐만 아니라 재량권의 일탈·남용에 해당하여 취소되어야 한다. 그런데 학교폭력예방법 제17조 제1항은 각 호의 조치 중 수 개의 조치를 할 경우 원칙적으로 그 수 개의 조치를 병과하도록 규정하고 있는 점, 이에 따라 학교폭력 가해학생에 대한 조치는 하나의 학교폭력 사안에 대하여 학교폭력예방법 제17조 제1항 각 호의 조치를 함께 부과하고 있고, 이러한 수 개의 조치는 하나의 학교폭력 사안에 대한 하나의 불가분의 처분으로서 그 조치양정의 재량권 행사 또한 수 개의 조치가 일체로 평가되어 이루어진다고 볼 수 있는 점, 이러한 맥락에서 이 사건 재결 또한 단순히 원고에게 학교폭력예방법 제17조 제1항 제8호의 전학 조치만을 부과하는 데 그치지 않고 이 사건 원처분 전체를 변경하여 '학교 폭력예방법 제17조 제1항 제1호, 제2호, 제6호, 제8호(전학), 제3항, 제9항 조치'를 내린 점, 이 사건에서 피고의 변경재결 중 전학 조치만 취소한다면 법원이 재결청인 피고의 변경재결에 관한 재량의 행사 정도를 직접 정하게 되는 결과가 되는 점 등에 비추어 보면, 이 사건 재결에 대한 취소의 범위는 이 사건 재결 전부가 되어야 한다고 봄이 타당하다.

7. 이른바 쌍방사안의 경우

학교폭력 피해학생으로 학생이나 부모님이 신고를 하는 경우, 가해학생 측에서는 자신들도 위 학생에게 피해를 당했다며 되려 학교폭력 신고를 하는 경우가 실무상 종종 있다.

이러한 쌍방신고는 바로 해당 학폭위가 열릴 때 벌어지기도 하고, 경우에 따라서는 시차를 두고 진행되는 경우도 있으며, 심지어 위와 같은 학폭신고로 인한 심의위원회의 결정을 발설하였다는 이유로 이를 학교폭력이라 하여 신고하는 경우도 심심차 않게 발견되는 바, 이에 대해 아래와 같이 판결사례들을 소개하고, 대응방안을 고민해보고자 한다.

아래 판결은 전형적인 맞신고 사례로 맞신고한 학생이 처분의 취소를 구한 사례에서, 맞신고한 학생이 한 행위 중 상대방 학생에게 과거 피해를 입은 부분에 대해 사과문 작성을 요구한 행위에 대하여는 학교폭력에 해당하지 않는다고 보았을 뿐 아니라 과거 맞신고한 학생이 입은 피해가 상대방 학생보다 더 큼에도 동일한 처분을 내린 것이 평등의 원칙을 위반한 것임을 이유로도 재량권 일탈 남용을 인정한 특기할 만한 사례가 있어 아래와 같이 소개한다.

수원지방법원 2021. 10. 21. 선고 2021구합*** 판결**

나) 앞서 인정한 사실에 변론 전체의 취지를 더하여 알 수 있는 다음의 사정을 종합하여 보면, 이 사건 제1행위는 피해학생에게 정신적 피해를 가져다준 명예훼손행위로서 학교폭력예방법에 정한 학교폭력에 해당한다고 봄이 타당하다.

① 원고는 같은 초등학교 학생 39명 이상이 참여한 단체대화방에서 '피해학생이 4학년 때 유튜브에 원고를 여우년, 공주병이라고 욕하는 동영상을 올렸다'고 말함으로써 피해학생의 사회적 평가를 저하시키는 구체적 사실을 적시하였다.

② 이 사건 제1행위 중 나머지 발언 부분은 원고가 피해학생에게 자신을 낮춰보고 있느냐고 묻거나 2018년 유튜브 사건으로 인하여 원고가 악몽을 꾸는 등 어려움을 겪었음을 호소하는 것으로서 피해학생에게 정신상의 피해를 가하는 행위로 볼 수 없으나, 2018년 유튜브 사건의 내용을 구체적으로 적시한 부분은 그 자체로 다른 학생들 앞에서 피해학생의 명예를 훼손하는 것으로서 그 정당성이 인정되기 어렵다.

③ 원고는 이 사건 제1행위가 사회상규에 위배되지 아니하는 행위라고 주장하나, 이와 같은 정당행위가 인정되려면, 그 행위의 동기나 목적의 정당성, 행위의 수단이나 방법의 상당성, 보호이익과 침해이익의 법익 균형성, 긴급성, 그 행위 이외의 다른 수단이나 방법이 없다는 보충성 등의 요건을 갖추어야 하는바(대법원 2007. 4. 13. 선고 2006두16991 판결 참조), 원고가 F의 억울함을 해소하기 위하여 발언을 시작하였고 피해학생이 먼저 원고를 무시하는 발언을 하였던 점을 감안하더라도, 2018년 유튜브 사건

을 언급함으로써 피해학생의 명예를 훼손한 행위가 단체대화방에서 F의 입지를 개선하거나 피해학생의 원고에 대한 무시를 중단시키기에 적합한 수단이라고 보기 어렵고, 위 발언을 하여야 할 긴급한 필요성이 인정되지도 않는다.

다) 이 사건 제2행위의 경우, 원고가 2018년 유튜브 사건의 피해자로서 자신의 피해를 호소하면서 피해학생에게 사과문 작성을 요구한 것에 불과하고 폭언, 욕설 등이 포함되어 있지 않아 학교폭력에 해당한다고 볼 수 없다.

라) ① 이 사건 제3, 4행위는 이 사건 제1, 2행위가 있은 때로부터 약 2개월이 지난 뒤 일어났고, 2개월 사이에 원고와 피해학생 사이에 별다른 다툼이 없었던 점, ② 이 사건 제3행위는 원고가 단체대화방이 아닌 자신의 SNS 상태메시지에 '누군가와 생일이 같아서 기분이 나쁘다'는 감정을 표현한 것으로서 성명 등 대상이 되는 인물을 특정하고 있지 않은 점, ③ 이 사건 제4행위도 원고가 자신의 SNS 상태메시지에 '죽어 버려 제발 죽어'라고 기재하였으나 죽기를 희망하는 대상이 누구인지 전혀 특정하지 않은 점 등을 종합하면, 이 사건 제3, 4행위도 모욕 또는 언어폭력으로서 학교폭력에 해당한다고 볼 수 없다(행정처분의 취소를 구하는 항고소송에서는 당해 처분의 적법을 주장하는 처분청인 피고에게 적법 여부에 대한 입증책임이 있으므로, 피고는 위 각 행위의 대상이 피해학생으로 특정되었음을 입증하여야 한다).

2) 재량권 일탈·남용 여부

관계 법령에 기재한 바와 같은 규정의 내용, 형식 및 취지 등에 비추어 보면, 교육장이 학교폭력 가해학생에 대하여 어떠한 조치를 할 것인지 여부는 교육장의 판단에 따른 재량행위에 속하고, 학교폭력에 대한 조치가 사회통념상 현저하게 타당성을 잃어 재량권을 일탈·남용하였는지 여부는 학교폭력의 내용과 성질, 조치를 통하여 달성하고자 하는 목적 등을 종합하여 판단하여야 한다.

그리고 행정청의 재량행위라 하더라도 사실오인 등에 근거하여 이루어졌거나 비례의 원칙 또는 평등의 원칙 등에 위배되는 경우에는 재량권을 일탈·남용한 것으로서 위법하게 되므로 그 취소를 면치 못한다 할 것이다(대법원 2008. 12. 11. 선고 2007두18215 판결 등 참조).

앞서 든 증거들에 변론 전체의 취지를 더하여 알 수 있는 다음과 같은 사정을 종합하면, 심리치료(제5호) 조치는 원고의 행위에 비하여 지나치게 가혹하여 비례의 원칙 등에 위반하여 재량권을 일탈·남용한 것으로서 위법하므로 취소되어야 한다.

① 이 사건 심의위원회는 이 사건 각 행위가 모두 구 학교폭력예방법에 따른 학교폭력에 해당한다고 판단하고, 이 사건 각 행위의 심각성을 낮음(1점), 지속성을 없음(0점), 고의성을 낮음(1점), 반성정도 높음(1점), 화해정도 높음(1점), 합계 4점으로 인정하였으나, 앞서 본 바와 같이 이 사건 처분의 처분사유 중 이 사건 제1행위만이 명예훼손행위로 인정된다.

② 원고는 단체대화방에서 발언을 하려다 피해학생으로부터 놀리거나 무시하는 내용의 말을 듣자 흥분하여 피해학생의 명예를 훼손하는 발언을 하게 된 것으로 보이나, 특별히 욕설이나 비속어를 사용하지는 않았고, 원고의 발언이 부적절하기는 하나 당일에 그쳤을 뿐 계속적·반복적으로 이루어진 것이 아니며, 전체적인 대화의 맥락에 비추어 보더라도 초등학교 6학년생으로 다소 판단이 미숙한 원고가 화가 난 상태에서 한 우발적인 행위였다고 보아야 할 것이다.

③ 이와 같이 원고의 가해행위는 그 심각성이나 지속성, 고의성 등에 비추어 볼 때 비교적 가벼운 수준의 학교폭력에 해당한다고 봄이 상당하다. 또한 원고는 이 사건 이전까지 학교폭력 등의 이유로 징계를 받은 적이 없는 것으로 보이는 점, 원고가 심의위원회에 출석하여 진술한 내용 등에 비추어 볼 때 원고는 자신의 행동을 반성하고 있다고 보이며, 이 사건 처분보다 더 경한 수준의 징계인 피해학생에 대한 서면사과 등의 조치에 의하더라도

향후 선도 가능성이 높다고 판단된다.

④ 이 사건 심의위원회는 피해학생의 원고에 대한 가해행위인 2018년 유튜브 사건이 구 학교폭력예방법에 따른 학교폭력에 해당한다고 판단하고, 그 심각성을 높음(3점), 지속성을 없음(0점), 고의성을 높음(3점), 반성정도 보통(2점), 화해정도 낮음(3점), 합계 11점으로 인정하였고, 이는 학교폭력 가해학생 조치별 적용 세부기준 고시 [별표] 학교폭력 가해학생 조치별 적용 세부 기준상 출석정지(구 학교폭력예방법 제17조 제1항 제6호)에 해당함에도 피해학생과 원고에게 동일한 처분을 하였다. 2018년 유튜브 사건은 표현의 수위 및 정도, 횟수, 표현매체의 파급력, 전파집단의 규모 등에 비추어 이 사건 제1행위보다 위법성의 정도가 현저히 중하다 할 것임에도 원고에게 동일한 처분을 한 것은 평등원칙 위반에도 해당한다.

아래 사례는 피해학생이었던 학생이 기존 학교폭력 사건처리와 관련된 내용을 다른 학생들에게 이야기함으로써 가해학생이었던 학생에게 정신적 피해를 가하였다고 하여 학교폭력대책심의위원회의 처분이 내려진 사안에서, 이를 언급한 것이 명예훼손이나 정신적 피해를 줄 정도의 언어폭력이라 보기 어렵다고 판결하였다. 특히 해당 사안은 위 가해학생이었던 학생이 소송에서 변호사를 선임하여 보조참가인으로 참가하기까지 한 사례이다.

┌─ 判例 ──────────────────────────────

나) 위 인정사실 및 앞서 든 각 증거 등에 의하여 알 수 있는 다음과 같은 사정들을 관계 규정의 내용 등에 비추어 살펴보면, 제1사안과 관련하여 원고가 2021. 3.경 수학, 체육, 미술시간 등에 참가인에게 언어적 방식으로 폭력을 행사하였다고 보기 어렵고, 제2사안과 관련하여 원고가 자신의 에스크 계정에 참가인의 선행 행위와 관련된 것을 묻는 지인의 질문에 대하여 수동적으로 답하고, 선행 의결의 결과를 묻는 친구 L에게 이를 알려 준 것만으로 이를 참가인에 대한 명예훼손이나 모욕행위, 참가인에게 정신적 피해를 줄 정도의 언어폭력으로 볼 수 없다. 원고의 주장은 이유 있다.

① 제1사안과 관련하여, 참가인은 이 사건 위원회에서 원고가 2021. 3.경 수학, 체육, 미술시간 등에 참가인에게 언어적 방식으로 폭력을 행사하였다고 진술하였다.

참가인이 원고가 하였다고 주장하는 말(진짜 개 못 뛰네, 너는 기초가 없다, 이걸 그림이라고 그렸냐· 우리 반 미술 꼴찌네)은 참가인의 입장에서 불쾌할 수는 있지만, 언어적 표현행위는 매우 추상적이고 다의적일 수 있으므로 문언뿐만이 아니라 그 대화가 오간 상황, 당시 참가인이 원고에게 한 말과 반응 등에 비추어 종합적으로 해석하여야 하는데 이에 관하여는 별다른 자료가 없는 점, 위 말은 문언상으로도 원고의 주관적인 평가행위 내지 감정의 표현에 해당하는 점, 원고와 참가인은 같은 반 동급생이고 참가인이 원고가 위 말을 하였다고 주장하는 시간 및 장소(학교 수업시간) 등에 비추어 이를 모욕행위 또는 언어적 방식에 의한 폭력으로 평가하기 어렵다.

또한 참가인이 자신이 익명으로 원고에게 저질렀던 학교폭력 행위가 밝혀져 선행 의결이 내려지기 전에는 이에 대하여 별다른 문제를 삼지 않았던 점, 참가인은 선행 의결이 내려진 후 이 외에도 원고가 자신의 머리를 때리는 등 신체적 폭력을 행사하였다고도 주장하면서 원고를 형사고소하였으나 참가인의 진술이 계속 변경되었다는 점 등을 고려하여 혐의없음(증거불충분) 처분이 내려졌고, 이 사건 처분에서도 결국 참가인이 주장하는 신체적 폭력 부분은 처분사유로 기재되지 아니한 점에 비추어 보면, 참가인의 진술만으로 원고가 참가인에게 그 주장과 같은 말을 하였다고 쉽게 단정하기도 어렵다.

② 제2사안과 관련하여, 갑 제11호증, 을 제3호증의 각 기재에 의하면 원고가 2021. 6.경 자신의 에스크 계정에 (선행 행위의) 신고 등의 문구를 언급하고, 선행 의결이 있은 후인 2021. 6. 중순경 같은 반 L에게 선행 의결의 내용에 대하여 언급한 사실은 인정된다.

그러나 을 제3호증의 기재에 의하면, 제3자가 먼저 원고의 에스크 계정에 '에스크에 욕 온거 ㄹㅇ(레알)로 신고함?'이라고 묻자 원고는 '그럼 가짜로 신고하냥 글구 신고한지 오래됐는딩'이라고 답하였고, 다른 제3자가 원고의 에스크 계정에 무슨 일이냐고 묻자 페메(페이스북 메신저)를 보내라고 답하였으며, 또 다른 제3자가 '언니 아래 질문 보니까 학폭위 여신거 같은데 힘내세요!'라는 글을 올렸을 뿐, 원고가 먼저 선행행위의 신고 또는 선행 의결과 관련된 글을 올리지 않았고 제3자가 '신고', '학폭위'라는 표현을 먼저 사용하였으며, 원고는 제3자의 글에 수동적으로 응답하였을 뿐 누구를 어떠한 내용으로 신고하였는지 특정하지 아니하였다. 따라서 이러한 원고의 행위를 들어 참가인에 대한 명예훼손이나 모욕, 참가인에게 정신적 피해를 줄 정도의 언어폭력으로 볼 수 없다.

또한 갑 제2, 3, 7호증, 을 제7호증의 각 기재에 나타난 발언의 내용, 배경 및 발언의 상대방, 원고는 오래 외국에서 학교생활을 하다가 이 사건 학교에 전학을 온지 얼마 되지 않았고 코로나19로 대면수업을 제대로 하지 못하였는데, 참가인의 선행행위로 인하여 원고에 대한 좋지 않은 소문이 도는 바람에 교우관계에 어려움을 겪었고 이 사건 위원회도 선행 의결 당시 피해학생인 원고에게는 전문가에 의한 심리상담 및 조언이 필요하다는 조치를 의결한 점, 선행 행위와 관련하여 원고, 참가인, 소외 M(참가인과 비슷한 시기 원고의 에스크 계정에 성적인 욕설을 남겼고, 이로 인하여 참가인과 함께 소년보호처분을 받았다)에 대한 조사가 이루어지는 등 이미 이 사건 학교, 최소한 같은 반 내에서는 원고가 선행 행위와 관련하여 참가인 등을 형사고소하고 학교폭력으로 신고하였다는 소문이 돌고 있었던 것으로 보이는 점, 원고는 같은 반 친구인 L와 이야기하면서 선행 의결과 관련된 L의 질문을 받자 다른 사람에게 절대 발설하지 말라고 하면서 참가인에게 학급교체 조치를 명하는 선행 의결이 있었다는 것을 언급하였고, L는 참가인에게만 이를 확인하였을 뿐 제3자에게는 이에 대하여 이야기하지 않았던 점 등을 종합하면, 원고가 L에게 선행 의결에 대한 내용을 언급한 것이 참가인에 대한 명예훼손 또는 정신적 피해를 줄 정도의 언어폭력이라고 보기 어렵다.

2) 재량권의 일탈·남용 주장에 대하여(예비적 판단)

가) 학교폭력예방법 제17조 제1항은 '심의위원회는 피해학생의 보호와 가해학생의 선도·교육을 위하여 가해학생에 대하여 피해학생에 대한 서면사과(제1호), 피해학생 및 신고·고발 학생에 대한 접촉, 협박 및 보복행위의 금지(제2호), 학교에서의 봉사(제3호), 사회봉사(제4호), 학내외 전문가에 의한 특별 교육이수 또는 심리치료(제5호), 출석정지(제6호), 학급교체(제7호), 전학(제8호), 퇴학처분(제9호) 중 어느 하나의 조치를 할 것 또는 여러 개의 조치를 병과할 것을 교육장에게 요청하여야 하며, 각 조치별 적용 기준은 대통령령으로 정한다.'고 규정하고 있다. 이에 따라 학교폭력예방법 시행령 제19조는 위 조치별 적용 기준에 대하여 가해학생이 행사한 학교폭력의 심각성·지속성·고의성(제1호), 가해학생의 반성 정도(제2호), 해당 조치로 인한 가해학생의 선도 가능성(제3호), 가해학생 및 보호자와

피해학생 및 보호자 간의 화해의 정도(제4호), 피해학생이 장애학생인지 여부(제5호)를 고려하여 결정하고, 그 세부적인 기준은 교육부장관이 정하여 고시하도록 정한다. 이에 따라 교육부장관은 학교폭력 가해학생 조치별 적용 세부기준 고시 제2조 제1항 [별표]에서 구 학교폭력예방법 시행령 제19조의 적용기준 중 학교폭력·지속성·고의성, 가해학생의 반성 정도, 화해 정도(위 시행령 제19조 제1, 2, 4호)에 대하여는 그 심각성의 정도에 따라 1점에서 4점까지로 점수를 부여하여 그 점수의 합계에 따라 조치를 정하되 가해학생의 선도가능성(제3호)이나 피해학생이 장애학생인지 여부(제5호)에 따라 그 조치를 가중하거나 경감할 수 있도록 규정한다. 위와 같은 규정의 내용, 형식, 취지 등에 비추어 보면 교육장이 학교폭력 가해학생에 대하여 어떠한 조치를 할 것인지 여부는 교육장의 판단에 따른 재량행위에 속하지만 사법판단의 대상이 되며, 학교폭력에 대한 조치가 사회통념상 현저하게 타당성을 잃어 재량권을 일탈·남용하였는지 여부는 학교폭력의 내용과 성질, 조치를 통하여 달성하고자 하는 목적 등을 종합하여 판단하여야 한다.

나) 설령 이 사건 처분사유(특히 제2사안)가 전부 또는 일부 인정된다고 보더라도, 위 인정사실 및 앞서 든 각 증거 등에 의하여 알 수 있는 다음과 같은 사정들을 관계 규정의 내용 등에 비추어 살펴보면, 피고가 원고에 대하여 학급교체 등을 명한이 사건 처분은 학교폭력의 내용과 성질, 동기 등에 비추어 볼 때 달성하려는 공익에 비하여 지나치게 가혹한 처분으로서 재량권을 일탈·남용한 것이라고 판단된다.

① 제1사안은 이 사건 학교의 수업시간 중 발생한 것으로 발언의 내용 자체가 그리 중하지 않다. 이 사건 위원회 또한 이 사건 결의 당시 제1사안의 심각성, 지속성, 고의성이 0점에 해당한다고 판단한 바 있다.

② 선행 처분이 아직 확정되지 아니한 상태에서 참가인이 학급교체를 당하게 되었다는 소문이 남으로써 참가인이 학교생활에 어려움을 겪었을 것으

로 보인다. 그러나 이와 같은 소문이 나게 된 것이 원고의 행위로 인한 것이라는 점에 대한 직접적인 뚜렷한 자료가 없고, 오히려 원고의 에스크 계정에 올라온 글 내용에 비추어 보면 원고가 L에게 말하기 전부터 이미 이 사건 학교 내에서는 선행 행위 및 선행 의결과 관련된 소문이 돌고 있었던 것으로 보인다.

③ 원고가 그 특성상 비공개로 유지되어야 하는 선행 의결의 내용을 유출한 것은 잘못이지만, 친구인 L의 질문을 받고 다른 사람에게 절대 말하지 말라고 약속한 후 발설한 것으로서 가해행위의 정도가 크지 않고, 특히 원고는 참가인이 익명으로 여러 차례에 걸쳐 먼저 저지른 선행 행위의 피해자이고 이로 인한 원고의 피해도 적지 아니하였다는 점에서 일방적으로 가해행위를 한 것보다는 덜 무겁게 처벌할 필요가 있다. 또한 참가인이 선행 의결이 있은 후 원고가 자신에게 여러 차례에 걸쳐 물리적 폭력 등 학교폭력을 행사하였다고 주장하면서 원고와 원고 부모를 상대로 여러 차례 형사고소를 하였으나, 이에 관하여 모두 무혐의 처분이 내려진 사정 또한 고려 요소가 될 수 있다.

④ 학교폭력예방법 제17조 제1항은 피해학생의 보호와 가해학생의 선도·교육을 위하여 가해학생에 대하여 할 수 있는 조치를 피해학생에 대한 서면사과, 피해학생 및 신고·고발학생에 대한 접촉, 협박 및 보복행위의 금지, 학교에서의 봉사, 사회봉사, 학 내외 전문가에 의한 특별 교육이수 또는 심리치료, 출석정지, 학급교체, 전학, 퇴학조치와 같이 단계적으로 규정하고 있다. 이는 폭력행위가 매우 심각한 예외적인 경우를 제외하는 기존의 교육현장에서 가해학생에 대한 최대한의 선도와 교육이 먼저 이루어져야 한다는 것을 전제로, 그러한 수단으로도 해결되지 아니하는 경우 그 정도에 따라 피해학생과 가해학생이 더는 한 공간에서 수학하는 것이 어려운 경우(학급교체), 한 학교에서 수학하는 것이 어려운 경우(전학), 가해학생에 대한 선도나 교육 자체가 어려운 경우(퇴학)에 관한 조치를 규정하는

> 것으로 보인다. 앞서 본 제1, 2사안의 경위나 내용 등에 비추어 기존의 교육현장에서 원고에 대한 최대한의 선도와 교육이 어려운 상황이라고 단정하기 어렵다.
> 마. 소결론
> 이 사건 처분은 처분사유가 인정되지 아니하여 위법하므로 취소되어야 한다.

또한 위 사례와 유사하게, 피해학생이었던 학생이 기존 학교폭력 사건과 관련하여 '너는 가해자, 나는 피해자. 잘못하면 벌을 받아서 다른 데 이사갈 수도 있다'라는 협박성 발언을 이야기함으로써 가해학생이었던 학생에게 정신적 피해를 가하였다고 하여 학교폭력대책심의위원회의 처분이 내려진 사안에서, 이러한 취지의 말을 한 것이 초등학교 4학년인 피해자로서 충분히 할 수 있는 발언으로 보이므로 학교폭력에 해당할 정도의 언어폭력이라 보기 어렵다고 판결한 사례도 있다.

> **判 例**
>
> 창원지방법원 2022. 1. 19. 선고 2021구단***** 판결
>
> 2) 구체적인 판단
> 가) 갑 제1 내지 8호증의 각 기재, 갑 제15호증(가지번호 있는 것은 가지번호 생략)의 각 기재에다가 변론 전체의 취지를 종합하면, 아래 각 사실을 인정할 수 있다.

① 원고는 이 사건 처분 이전에도 관련 학생으로부터 수년 전부터 지속적으로 학교폭력을 당하였고, 그로 인하여 관련 학생은 아래와 같이 2차례에 걸쳐 심의위원회 의결을 통하여 원고에 대한 학교폭력에 관하여 가해학생으로서 학교폭력방지법에 따른 처분을 받은 전력이 있다.

1) 2020. 12. 14. 심의위원회(경상남도창녕교육지원청 2020-09호)

관련 학생은,

○ 2020. 11. 24. 영어 시간 종료 후 소속 학급 교실 뒤에서 같은 반인 원고(원고)와 말싸움(원고가 교실 뒤에서 친구들 작품을 서서 보고 있을 때 누군가 원고를 찌르는 장난을 했는데 주변에 평소 원고와 시비가 잦았던 관련 학생이 다른 친구와 누워있었고 이에 원고는 위 장난을 관련 학생이 한 것으로 여기고 관련 학생에게 왜 그러냐고 따져 묻는 등 양측이 언쟁을 벌인 것)을 하였는데 그 과정에서 원고에게 "너는 엄마 뱃속에서부터 장애다."라고 말하였고(당시 원고도 관련 학생에게 "너는 1학년 때부터 수학 0점"이라고 놀렸음), 이러한 "쟤는 장애다."라는 식의 놀림을 포함한 폭력은 신발 신고 내려가는 원고의 옷을 잡아당겨 목 조르기, 가방을 메고 있는 원고를 발로 차기(니킥), 2020. 11. 6. 교실에서 원고를 밀어 머리 뒤쪽이 의자에 부딪히게 하는 등의 방식으로 2018년(양측이 1학년일 때)부터 현재까지 지속되었고

○ 2020년 10월경 원고와 주소지 아파트 엘리베이터를 같이 타고 집으로 올라가는 중에(양

측은 같은 아파트 동일 호수 라인에 살고 있어 1개의 엘리베이터를 같이 사용할 수밖에 없는 상황이었음) 9층에 살고있는 관련 학생이 7층에 살고 있는 원고가 먼저 내리지 못하도록 닫힘 버튼을 누르며 장난을 쳤고(그 결과 원고가 내리려는 찰나 닫히는 문에 끼이면서 원고의 몸에 멍이 들었음) 이는 2020년에 수회 반복되었음[또한 관련 학생은 엘리베이터를 타고 9층에 먼저 올라가 1층에서 기다리고 있는 원고가 엘리베이터를 타지 못하도록 9층에서 3번 정도 열림 버튼을 누르며 엘리베이터를 잡아 두기도 하였음]

2) 2021. 1. 25.자 심의위원회(경상남도창녕교육지원청 2020-11호)

㉮ 관련 학생은 2020. 12. 19.부터 같은 해 12. 22.까지 원고에게 신체적 또는 심리적 공격을 가하였는바, 그 구체적 내용은 아래와 같음

 ㉠ 2020. 12. 21. 관련 학생이 거주하고 있는 아파트 엘리베이터에 원고와 동승하여 올라가게 되었는데, 원고가 7층에 먼저 내리려고 하자 '닫힘 버튼을 2차례 누르기, 가방 붙잡는 등 잡아 당기기' 등을 하며 원고가 위 엘리베이터에서 내리지 못하게 하였고,

 ㉡ 2020. 12. 19.부터 같은해 12월 22일까지는 '벨튀'(원고 집의 벨 누르고 도망가는 행위로 수 차례 발생)를 하였음.

㉯ 관련 학생은 위 ㉮ 행위 외에도 추가로 위 ㉮의 ㉡ 기간 동안 원고의 집 현관문을 발로 찬 후 도망갔고 원고의 집 앞 복도 밖에 내놓은 재활용 박스를 발로 차는 등의 행위를 하였음.

② 앞서 본 바와 같이 이 사건 심의위원회는 원고에 대한 이 사건 의결을 하면서, 같은 날 관련 학생에 대해서도 아래와 같이 피해학생인 원고에 대한 신체적 또는 언어적 폭력을 이유로 들어 초등학생에 대하여 학교폭력예방법에서 예정한 처분 중 가장 중한 처분인 전학(제1항 제8호), 피해학생 및 신고·고발 학생에 대한 접촉, 협박 및 보복행위의 금지(제1항 제2호), 학생 특별교육 8시간(제3항), 보호자 특별교육 6시간(제9항)을 함께 의결하기도 하였다.

관련 학생은,
㉮ 2021. 6. 4.부터 같은 해 6. 9.까지 원고에게 신체적 또는 언어폭력을 행사하였는바, 구체적인 내용은 아래와 같다.
㉠ 2021. 6. 4. 급식을 마치고 오는 길에 원고를 만나서 '아멘, 아멘' '쭈빠삐[뽀내뇨'라는

놀리는 행위를 하였고, 관련 학생이 원고의 신체를 밀치는 행위를 목격한 학생들의 진술이 있으며,
㉡ 2021. 6. 9. D에서 원고와 함께 있었던 동급생 E에게 '원고랑 놀면 안 좋다'라는 비방성 발언(모욕)을 한 사실이 있고, 원고에게 '응 니 에미, 니 에미'라는 발언을 하는 것을 본 목격자의 진술이 있음.

③ 한편, 원고는 2019. 2.부터 2020. 1.까지, 2020. 5.부터 현재까지 언어발달지체로 인한 발음장애 문제로 F상담심리센터에서 언어치료 수업을 받은 적이 있는데, 위 센터 측 소견에 의하면, 원고는 관련 학생을 비롯한 동급생 친구들로부터 놀림을 당하고 폭력을 당하는 경험 등으로 본인의 감정표현에 어려움을 느끼고 있고, 대인관계에 불안함을 느껴 공격성을 표출하기도 한다는 것이다.

나) 위 인정사실에 변론 전체를 더하면 알 수 있는 다음과 같은 사정들, 즉 ① 원고는 동급 학생들, 특히 관련 학생으로부터 수년에 걸쳐 지속적이고 반복적으로 육체적 및 언어적 폭력을 당하고 있었고, 그로 인하여 관련 학생은 가해학생으로서 학교폭력예방법에 따른 처분을 받게 되었으며, 그 과정에서 원고는 피해 학생으로서 심리상담과 치료 등을 받고 있었는데, 그러한 원고가 가해학생인 관련 학생에 대하여 '너는 가해자, 나는 피해자'라는 정도의 발언을 하는 것은 초등학교 4학년인 피해자로서 충분히 할 수

있는 발언으로 보이는 점, ② 특히 원고가 관련 학생으로부터 폭력을 당하거나 다른 친구와 함께 있을 때 비방성 발언을 듣게 되어 이 사건 조치원인과 같이 관련 학생에게 저항하는 취지로 발언하게 된 것으로, 그와 같은 발언 경위에 비추어 볼 때, 원고의 발언으로 관련 학생이 피해자로서 위협을 느끼거나 부당한 압박을 당하였을 것으로 보이지 않는 점 등에 비추어 보면, 원고의 위와 같은 발언 행위가 관련 학생에게 학교폭력에 해당한다고 인정하기 부족하고, 달리 이를 인정할 증거가 없으므로, 원고의 이 부분 주장은 이유 있다.

다. 소결

이 사건 조치원인이 학교폭력에 해당하지 않으므로, 이 사건 처분은 그 처분사유가 인정되지 않는바, 이와 다른 전제에 선 이 사건 처분은 위법하므로 취소되어야 한다.

그 외에, 상대 학생이 '장애인새끼야'라는 욕설을 먼저 하였을 뿐 아니라 악기로 처분을 받은 학생을 때려 2주의 치료를 입게 하는 상해를 입혔으나 상대학생에 대해 심의위원회가 심의를 하지 않고 당해 학생에게만 학교폭력 처분을 한 사안에서 재량권의 일탈 남용을 이유로 심의위원회의 처분을 취소한 사례가 있다.

判 例

창원지방법원 2022. 2. 16.자 2021구단***** 판결

2) 구체적인 판단

가) 앞서 든 증거들에다가 갑 제2호증, 제10 내지 12호증의 기재에 의하면, 관련 학생이 이 사건 조치원인 일시경에 원고에게 '장애인새끼야'라는 욕설을 먼저 하였을 뿐만 아니라, 관련 학생은 이 사건 조치원인 일시경에 위험한 물건으로 볼 수 있는 칼림바 악기로 원고의 복부를 타격하여 원고에게 약 2주간의 치료를 요하는 복벽의 타박상을 입게 한 사실을 인정할 수 있고, 위와 같은 사실은 이 사건 심의위원회의 의결 당시 목격자인 학생들의 진술에 의하여도 충분히 확인된다.

사정이 이러하다면, 관련 학생의 행위는 원고에 대한 선제적인 상해, 모욕으로 신체 · 정신상의 피해를 수반하는 행위로서 학교폭력예방법에 정한 학교폭력에 해당한다고 볼 수 있음에도, 이 사건 심의위원회의 의결은 단지 원고를 가해학생으로, 관련 학생을 피해학생으로만 조치하면서, 가해학생이기도 한 관련 학생에 대한 조치를 누락하고, 피해학생이기도 한 원고에 대한 보호조치까지 누락한 잘못이 있다할 것이다.

나) 다만, 가해학생인 관련 학생에 대한 조치가 이루어지지 않은 부분에 대하여 원고가 피해학생으로서 가해학생에 대한 조치의 취소에 대한 소를 별도로 제기할 수 있는 것은 별론으로 하고, 이 사건 처분 원인 자체는 원고의 관련 학생에 대한 행위에 대한 것으로서, 결국 원고의 행위가 학교폭력에 해당하지 않는지 여부에 관하여 살펴보아야 한다.

그러나 원고가 관련 학생의 얼굴을 수차례 때리게 된 사실은 원고 스스로 인정하고 있고, 앞서 본 사건진행 경위를 충분히 감안하더라도, 원고가 제출한 카카오톡 내역 등 증거들만으로는 이러한 원고에게 폭행의 고의가 없었다거나 원고의 행위가 단순한 방어행위로서 정당방위에 해당한다고 평가하기는 어려우므로, 이와 다른 전제에 선 원고의 이 부분 주장은 이유 없다(다만, 이와 같이 원고가 내세우는 사정은 아래의 '재량권 일탈·남용' 여부에 대한 판단에서 참작하기로 한다).

나. 재량권 일탈·남용에 관한 판단

(1) 학교폭력예방법 제17조 제1항은 '자치위원회는 피해학생의 보호와 가해학생의 선도·교육을 위하여 가해학생에 대하여 다음 각 호의 어느 하나에 해당하는 조치를 할 것을 학교의 장에게 요청하여야 하며, 각 조치별 적용기준은 대통령령으로 정한다'라고 규정하면서 9가지의 조치에 관하여 규정하고 있고, 같은 법 시행령 제19조는 법 제17조 제1항의 조치별 적용기준으로 가해학생이 행사한 학교폭력의 심각성·지속성· 고의성(제1호), 가해학생의 반성 정도(제2호), 해당 조치로 인한 가해학생의 선도가능성(제3호), 가해학생 및 보호자와 피해학생 및 보호자 간의 화해의 정도(제4호), 피해학생이 장애학생인지 여부(제5호)를 고려하여 결정하고, 그 세부적인 기준은 교육부장관이 정하여 고시한다고 규정하고 있다.

그 위임에 따른 ·학교폭력 가해학생 조치별 적용 세부기준 고시·(2020. 5. 1. 개정 교육부고시 제2020-227호)(이하 '이 사건 고시'라 한다) 제2조 제1항 [별표]는 구체적으로 학교폭력의 심각성, 지속성, 고의성, 가해학생의 반성 정도, 화해정도 영역을 나누고 각 영역마다 0점부터 4점까지 점수를 부과하여 총점을 산정한 후 그에 따라 가해학생에 대한 조치를 하도록 정하고 있고, 부가적으로 '해당 조치로 인한 가해학생의 선도 가능성', '피해학생이 장애학생인지 여부'를 고려하여 조치를 가중하거나 감경할 수 있다고 정하고 있다.

위와 같은 규정의 내용, 형식 및 취지 등에 비추어 보면, 해당 학교의 장이 학교 폭력 가해학생에 대하여 어떠한 조치를 할 것인지 여부는 학교의 장의 판단에 따른 재량행위에 속하고, 학교폭력에 대한 조치가 사회통념상 현저하게 타당성을 잃어 재량권을 일탈·남용하였는지 여부는 학교폭력의 내용과 성질, 조치를 통하여 달성하고자 하는 목적 등을 종합하여 판단하여야 한다.

(2) 앞서 든 각 증거들과 변론 전체의 취지를 종합하여 알 수 있는 다음과

같은 사정들을 앞서 본 관련 법령의 내용과 취지에 비추어 보면, 이 사건 심의위원회의 의결은 기본 판단요소에 중대한 오류가 있고, 이를 기초로 한 이 사건 처분은 사회통념상 현저하게 타당성을 잃을 정도로 원고에게 지나치게 가혹하여 그 재량권의 범위를 일탈하거나 재량권을 남용한 것으로 볼 수 있으므로 위법하다.

① 이 사건 심의위원회는 원고에 대하여 학교폭력의 '심각성'과 '고의성'을 각 높음(3점), '반성정도' 및 '화해정도'를 각 낮음(3점), '지속성'을 없음(0점)으로 보고, 총 판정점수를 12점으로 배점하였고, 이는 이 사건 고시 규정상 '출석정지' 사유에 해당한다.

1) 그러나 앞서 본 바와 같이 이 사건 심의위원회는 관련 학생을 단순한 피해학생인 것으로 파악한 나머지, 피고로부터 먼저 폭행당하게 된 경위 등에 관한 원고의 해명을 이유로 원고가 쌍방폭행이라고 우기면서 잘못을 뉘우치지 않는다고 판단한 뒤 '고의성'과 '반성정도', '화해정도'에서 모두 각 3점을 부여하게 되었는바, 이러한 판단에는 기본적인 사실관계를 오인한 잘못이 있다.

2) 또한 이 사건 심의위원회는 관련 학생 측이 제출한 상해진단서에 주상병으로 '뇌진탕'까지 기재되어 있다는 이유로 학교폭력의 '심각성'을 높다(3점)고 판단하였으나, 뇌진탕은 외상에 의해 발생한 일시적인 의식 소실로서, 환자가 두통 등 증상을 호소하지만 전산화 단층촬영(CT)나 자기공명영상(MRI) 결과 아무런 이상 소견이 없는 경우 진단이 내려지는 것일 뿐이고, 을 제2호증(상해진단서) 기재에 의하면, 위 진단에도 불구하고 관련 학생에 대한 치료 내용은 전혀 없었다는 것인바, 그와 같은 사정만으로 학교 폭력의 '심각성'이 높다고 단정할 수 있는지 의문이다.

② 한편, 이 사건 조치로 이 사건 처분으로 달성하고자 하는 이익, 즉 가해학생인 원고에 대한 선도·교육을 통하여 원고를 건전한 사회구성원으로 육성하려는 공익이 인정된다 할 것이나, 이 사건 처분으로 인해 피해학생

이기도 한 원고가 입게 될 불이익에 비해 중대하다고 볼 수 있는지 역시 의문이다.

특히 관련 학생에 대하여 가해학생으로서의 조치가 전혀 이루어지지 않았고, 향후에도 제소기간 도과 등으로 이를 기대하기 어려울 것으로 보이는 점, 원고가 이 사건 조치와 관련하여 스트레스 장애 등 진단을 받아 현재 치료를 받고 있는 점 등을 감안할 필요가 있다.

다. 소결

따라서 이 사건 처분은 재량권을 일탈하거나 남용하여 위법하므로 취소되어야 한다.

또한, 아래 사건은 쌍방폭행으로 심의위원회의 처분을 받은 사안에서 정당방위, 정당행위 또는 소극적 저항행위임을 이유로 학교폭력에 해당하지 않으며 재량권의 일탈 남용에도 해당한다 본 사례가 있다.

判例

창원지방법원 2022. 6. 22. 선고 2022구단***** 판결

2) 구체적인 판단

가) 갑 제2 내지 9호증, 을 제3호증의 각 기재(가지번호 있는 것은 가지번호 생략)에다가 변론 전체의 취지를 종합하여 인정되는 아래와 같은 사실 및 사정들을 고려하면, 원고가 이 사건 조치원인 기재와 같이 피고보조참가인에게 욕설과 비방을 하였 다거나 고의적으로 피고보조참가인의 무릎

을 때렸다고 보기는 어렵고, 가사 원고의 폭행이 인정된다 하더라도 이는 가해자인 피고보조참가인의 폭력에 대하여 소극적인 저항행위로 이루어진 것으로서, 학교폭력예방법이 가해행위로서 일정한 조치를 예정하고 있는 학교폭력에 해당하지는 않는다고 봄이 상당하므로, 이와 다른 전제에선 피고의 원고에 대한 이 사건 제1 처분 부분은 위법하다.

① 이 사건 조치원인 기재 자체로도, 원고는 당시 의자에 앉은 상태에서 피고보조참가인으로부터 갑자기 주먹으로 얼굴을 가격당하였다는 것이고, 원고는 위 폭행으로 전방출혈, 망막부종, 결막출혈, 눈꺼풀 및 눈 주위의 타박상 및 열린상처, 달리 분류된 질환에서의 기타 망막장애로 약 3주간의 치료를 요한 우안 상안검 열상 등 상해를 입게 되었다는 것인데, 위 상해의 정도가 가볍지 않고, 당시 원고는 그 주장과 같이 눈 부위에 상당한 수준의 출혈이 있었던 것으로 보인다.

이와 같은 사정에 비추어 볼 때, 원고가 피고보조참가인으로부터 기습적인 폭행을 당한 상태에서 피고보조참가인에게 적극적으로 반격을 하기는 어려웠을 것으로 추론되고, 원고 측 목격학생의 진술(갑 제8호증)도 이에 부합한다.

② 이 사건 조치원인과 관련하여, 창원지방검찰청은 이 사건 각 처분 후인 2022. 3. 16. 원고에 대하여는 피고보조참가인에 대한 폭행이 정당방위 내지 정당행위에 해당한다는 이유로 '죄가 안 됨'의 불기소처분을 한 반면, 피고보조참가인에 대하여는 원고에 대한 상해죄가 성립함을 전제로 법원에 소년보호사건 송치를 하였다.

③ 한편, 피해학생은 이 사건 조치원인 기재 학교폭력 발생일인 2020. 10. 1.로부터 6일이 경과한 같은 달 7. J병원을 방문하여 약 2주간의 치료를 요하는 '우측 슬관절 염좌' 진단을 받았다며 상해진단서(을 제1호증, 을나 제1호증의1)를 이 사건 심의위원회에 증거로 제출하였다.

그러나 '염좌'는 인대가 사고나 외상 등에 의하여 손상된 것을 뜻하는데,

위 진단서는 피부 등 외부 손상에 대한 언급 없이 상해 부위와 정도에 '우측 슬관절부 동통'만이 기재되어 있는바, 그 기재 내용에 의하더라도 담당의사가 단순히 환자의 통증 부위를 눌러 문진하는 방식으로 초음파 등 영상 촬영 없이 임상적 추정에 따라 진단한 것에 불과한 점, 위 진단서 기재대로라면, 피고보조참가인은 진단 시점 기준으로 위 상해가 약 2주간의 치료를, 이 사건 학교폭력 발생일 기준으로는 대략 3주에 이르는 치료를 요하는 중한 상태였다는 것임에도 약물요법과 같은 단순 보존요법만을 시행한 점, 피고보조참가인은 사건 당일을 비롯하여 초기 학교폭력 조사 당시 자신의 피해사실에 대하여 언급하지 않다가 원고 측과의 합의가 결렬되면서 이 사건 진단서를 발급받으며 비로소 피해사실을 주장하게 된 것인 점 등에 비추어 볼 때, 위 진단서 기재만으로 피고보조참가인이 진단서 기재 내용과 같이 원고의 폭행으로 위와 같은 상해를 입게 되었다거나 원고로부터 무릎을 강하게 가격 당하였다고는 보기는 어렵다.

나. 재량권 일탈·남용에 관한 판단: 이 사건 조치원인 제1항 관련

(1) 학교폭력예방법 제17조 제1항은 '심의위원회는 피해학생의 보호와 가해학생의 선도 · 교육을 위하여 가해학생에 대하여 다음 각 호의 어느 하나에 해당하는 조치(수개의 조치를 동시에 부과하는 경우를 포함한다)를 할 것을 교육장에게 요청하여야 하며, 각 조치별 적용 기준은 대통령령으로 정한다.'라고 규정하면서 9가지의 조치에 관하여 규정하고 있고, 같은 법 시행령 제19조는 법 제17조 제1항의 조치별 적용기준으로 가해학생이 행사한 학교폭력의 심각성·지속성·고의성(제1호), 가해학생의 반성 정도(제2호), 해당 조치로 인한 가해학생의 선도가능성(제3호), 가해학생 및 보호자와 피 해학생 및 보호자 간의 화해의 정도(제4호), 피해학생이 장애학생인지 여부(제5호)를 고려하여 결정하고, 그 세부적인 기준은 교육부장관이 정하여 고시한다고 규정하고 있다.

그 위임에 따른 ·학교폭력 가해학생 조치별 적용 세부기준 고시·(2020. 5.

1. 개정 교육부고시 제2020-227호)(이하 '이 사건 고시'라 한다) 제2조 제1항 [별표]는 구체적으로 학교폭력의 심각성, 지속성, 고의성, 가해학생의 반성 정도, 화해정도 영역을 나누고 각 영역마다 0점부터 4점까지 점수를 부과하여 총점을 산정한 후 그에 따라 가해학생에 대한 조치를 하도록 정하고 있고, 부가적으로 '해당 조치로 인한 가해학생의 선도 가능성', '피해학생이 장애학생인지 여부'를 고려하여 조치를 가중하거나 감경할 수 있다고 정하고 있다.

위와 같은 규정의 내용, 형식 및 취지 등에 비추어 보면, 해당 교육장이 학교폭력 가해학생에 대하여 어떠한 조치를 할 것인지 여부는 교육장의 판단에 따른 재량행위에 속하고, 학교폭력에 대한 조치가 사회통념상 현저하게 타당성을 잃어 재량권을 일탈·남용하였는지 여부는 학교폭력의 내용과 성질, 조치를 통하여 달성하고자 하는 목적 등을 종합하여 판단하여야 한다.

(2) 앞서 든 각 증거들과 변론 전체의 취지를 종합하여 알 수 있는 다음과 같은 사정들을 앞서 본 관련 법령의 내용과 취지에 비추어 보면, 피고보조참가인에 대한 이 사건 제2 처분 부분에 있어 이 사건 심의위원회의 의결은 기본 판단요소에 중대한 오류가 있고, 이를 기초로 피고의 이 부분 처분은 사회통념상 현저하게 타당성을 잃을 정도로 그 재량권의 범위를 일탈하거나 재량권을 남용한 것으로 볼 수 있으므로 위법하다.

① 기본적으로 이 사건 심의위원회는 이 사건을 원고와 피고보조참가인의 쌍방폭행 사건에 해당함을 전제한 뒤, 피고보조참가인에 대하여 학교폭력의 '심각성'(보통)을 2점, '지속성'(없음)'을 0점, '고의성'(낮음), '반성정도'(높음), '화해정도'(높음)'을 각 1점으로, 총 판정점수를 5점으로 배점하였고, 이는 이 사건 고시 규정상 '학교에서의 봉사'(제3호) 사유(4점~6점)에 해당한다.

1) 그러나 앞서 본 바와 같이 이 사건 심의위원회는 원고의 학교폭력이 성

립되지 않음에도 기본적인 사실관계를 잘못 파악하였을 뿐만 아니라, 원고를 주된 피해자로, 피고보조참가인을 주된 가해자로 각 파악하였으면서도, 위 판정점수 배점에서는 원고에게는 4점, 피고보조참가인에게는 5점을 배점하여 단 1점의 차이만을 두었다.

2) 이 사건 심의위원회는 피고보조참가인이 원고에게 부모에 대한 욕설을 하였을 뿐만 아니라, 기습적인 폭행을 가하여 약 3주간의 치료를 요하는 상해를 입게 되었음을 인정하면서 학교폭력의 '심각성'을 보통(2점)으로 평가하였는데, 이는 원고가 피고보조참가인의 무릎을 1회 때렸다면서 '심각성'을 낮음(1점)으로 평가한 것에 비하여 불과 1점 높은 수준으로 평가한 것이다.

그러나 앞서 본 바와 같이 원고의 상해 정도가 가볍지 아니하고, 피고보조참가인의 폭행 경위에 있어 특별히 참작할 만한 사정도 없는 점, 피고보조참가인은 기습적으로 원고의 눈 부위를 가격하였는데, 이는 자칫 실명이라는 중한 결과를 야기할 수 있는 매우 위험한 행위라는 점, 피고보조참가인은 원고에게 적지 않은 출혈이 발생하게 되었고 주변에서 싸움을 만류하자 그때서야 별다른 조치 없이 현장을 그대로 자리를 떠나버렸던 점 등을 고려하여 볼 때, 피고보조참가인의 행위를 이와 같이 평가해야 하는지 상당히 의문이다.

3) 한편, 이 사건 고시규정상 '화해정도'는 피해학생 및 가해학생뿐만 아니라, 그 보호자들 간의 화해의 정도까지 함께 고려하도록 되어 있다(제2조 제1항).

그러나 피고보조참가인 측은 피고보조참가인이 원고에 대한 가해자임을 인정하면서도, 그 보호자는 이 사건 조치원인과 관련하여 원고를 폭행으로, 원고의 보호자를 아동학대법위반(아동학대)로 수사기관에 형사고소하기에 이르렀을 뿐만 아니라, 합의가 되지 않았다는 이유로 이 사건 처분 시까지 원고의 치료비 변제를 비롯하여 화해를 위한 실질적인 조치도 전혀 이루어진 바 없는 것으로 보임에도, 이 사건 심사위원회는 특별한 근거없이 '화해정도'를 높음(1점)으로 평가하였는바, 이는 사실관계에 명백히 반하는것일 뿐만 아니라, 이 사건 고시규정에 정한 '화해정도'의 의미를 오해한 것으로, 도저히 납득하기 어렵다.

② 한편, 이 사건 심의위원회는 원고 및 피고보조참가인에 대하여 모두 학교에서의 봉사(제3호)라는 동일한 수준의 조치로 의결 하였는데, 이와 같은 의결은 앞서 본 바와 같이 그 자체로 형평성이 어긋나는 것으로 보이고, 이를 통하여 가해학생인 피고 보조참가인에 대한 선도·교육이 제대로 이루어질 수 있는지도 역시 의문이다.

지은이

진제원 변호사 (부산지방변호사회)

- 제22회 대한변호사협회 우수변호사상 수상
- 부산 성도고등학교, 부산대학교 법학과, 부산대학교 법학전문대학원 졸업
- (현) 부산북부교육지원청 학교폭력대책심의위원회 심의위원
- (전) 부산예원초등학교 학교폭력대책자치위원회 자치위원(전문가위원)
- (현) 부산성도고등학교 교권보호위원회 위원
- 부산북부교육지원청 교육공무원임용 면접위원
- 부산사립중등퇴임교장회 고문변호사

* 저서 *

- 학교폭력대책심의위원회 (학폭위) 행정심판 행정소송 AZ, (2023. 3.)
- 공인중개사 중개사고 손해배상 AZ, (2021. 7.)
- 상가임대차법 권리금회수 손해배상 창과 방패 AZ, (2021. 9.)
- 계약금 가계약금 해약금 위약금 배액상환 계약해제 손해배상 AZ, (2022. 1.)

상담문의는 아래 연락처로 남겨주시기 바랍니다.

휴대전화 : 010-4205-5598

이메일 : ultralawyer@hanmail.net

블로그 : blog.naver.com/ultralawyer(개정시 추록게시 예정)

(재판, 상담, 서면작성 등으로 연락을 받지 못하는 경우가 있으므로, 상담문의시 문자로 먼저 성함/지역/연락처/상담내용을 남겨주시면 감사하겠습니다. 법률상담의 경우 대면/화상/전화상담 모두 가능하며, 소정의 상담료를 수령 후 진행함을 원칙으로 합니다.)